Nicolaus Spiegel

Numerus Saturnius

Eine rhythmische Studie

Nicolaus Spiegel

Numerus Saturnius
Eine rhythmische Studie

ISBN/EAN: 9783744620024

Hergestellt in Europa, USA, Kanada, Australien, Japan

Cover: Foto ©berggeist007 / pixelio.de

Weitere Bücher finden Sie auf **www.hansebooks.com**

DER

NUMERUS SATURNIUS.

– –

EINE RHYTHMISCHE STUDIE

VON

DR. NIC. SPIEGEL,

K. GYMNASIALLEHRER.

———

WÜRZBURG.

DRUCK DER KGL. UNIVERSITÄTSDRUCKEREI VON H. STÜRTZ.

1895.

Seitdem man angefangen hat, jeden Einfluss des Wortaccentes auf die römische Kunstdichtung in Abrede zu stellen, ist zwischen den Freunden der Sprachwissenschaft ein heftiger Streit entbrannt über die Frage, ob dem saturnischen Versmass das Quantitätsprinzip oder die accentuierende Auffassung zugrund liege.

Für die erstere Ansicht sind besonders eingetreten: RITSCHL (Saturniae poës. reliquiae, Bonn 1854); BÜCHELER (Jahrb. f. Philol. Bd. 86; op. IV); BARTSCH (Sat. Vers und altd. Langzeile, Lpz. 1863); SPENGEL (Philologus Bd. 23 p. 31); KORSCH (De versu saturn. Moskau 1869); BUCHHOLTZ (Priscae lat. origg. Berl. 1877); ALLEN (Zeitschft. f. vergl. Sprachforsch. Bd. 24 S. 556); CHRIST (Metrik d. Griechen und Römer, Lpz. 1877); HAVET (De Saturnio Latinorum versu, Paris 1880); L. MÜLLER (Sat. Vers, Lpz. 1885); BAEHRENS (Fragm. poët. Roman. Lpz. 1886); KLOTZ (Altröm. Metrik, Lpz. 1890); ZANDER (Vers. ital. antiqui, Lund 1890) und REICHARDT (Fleckeisen, Jahrb. 1893 S. 205).

Dagegen haben sich für die rhythmische Fassung des Saturniers nach BENTLEY und G. HERMANN entschieden: MISSET (Lettres chretiennes 1882 p. 88); O. KELLER (Saturn. Vers I. Lpz. 1883; II. Prag 1886); R. WESTPHAL (Gött. gel. Anz. 1884, 9); GLEDITSCH (Wochenschft. f. klass. Philol. 1884, 2); THURNEYSEN (Saturnier, Halle 1885) und LINDSAY (Americ. journ. of. Philol. 1893 p. 139, 305).

Der Verfasser selbst, durch seine Untersuchungen über die lateinische Dichtkunst des Mittelalters zur Stellungnahme genötigt, fasst mit der zweiten Gruppe den Saturnier rhythmisch. Die Gründe, welche ihn dazu bestimmten, wird man unten (§ 3) finden, des weiteren (§ 4), warum auf manche Eigentümlichkeiten der lateinischen Umgangssprache wie Silbenschwund und ungewöhnliche Betonung Rücksicht genommen wurde. Ein besonderes Verdienst seiner Arbeit erblickt V. in der Schaffung einer festeren Grundlage bezüglich der von niemand noch gewürdigten

1*

Erscheinungen des Taktwechsels (§ 1 B): unsicheres Tasten im Dunkeln und übermässiges Betonen von Äusserlichkeiten lassen sich hiedurch vermeiden. Wo trotzdem Unklarheiten geblieben sind, ist das angegeben. Zu unterscheiden jedoch zwischen einer „rohen Epoche" und einer „Blütezeit der Saturnierdichtung", konnte sich V. nicht entschliessen; es wird für den Saturnier wohl Geltung haben, was BEDA (Keil VII, 1 p. 258) vom Rhythmus im allgemeinen sagt:

„vulgares poëtae necesse est rustice, docti faciant docte."

§ 1. ## § 1. Grundbegriffe und Gesetze der rhythmischen Poesie.

A. Rhythmus „ist eine durch Mass geregelte Folge von Zeitteilen". Demnach deckt eine bloss mechanische Zerlegung der Zeit, wie sie z. B. als Pulsschlag durch den Tastsinn, als Pendelschwingung mit dem Gesicht, als Uhrticken vermittels des Gehörs wahrgenommen wird, den Begriff „Rhythmus" noch nicht. Wohl aber liegen Tanz und Musik bereits in dessen Bereiche; denn hier begegnen uns nicht mehr lauter gleich lange Zeitteilchen, sondern solche von verschiedenem Wert, deren gegenseitiges Verhältnis durch das Taktmass genau geregelt ist.

Ähnlich steht es auf dem Gebiete der Sprache, und zwar gilt die Forderung, dass die Zeitmomente (Silben) je nach ihrem Werte verschieden behandelt werden, ebensogut für die Aneinanderschliessung mehrerer Silben zu einem Worte, wie für die Zusammenfügung mehrerer Wörter zu einem Satze oder mehrerer Sätze zu einer Periode.

Spreche ich beispielshalber von den beiden Silben va und ter die eine genau so aus wie die andere, so ergibt sich nur eine äusserliche Zusammenschiebung zweier Zeitmomente. Das Wort „Vater" entsteht erst, wenn die beiden Silben zu einander in Beziehung treten, wenn die wichtigere derselben, die Unterscheidungs- oder Gehaltsilbe, bei der Aussprache über die andere hervorgehoben wird. Das kann aber auf dreifache Weise erreicht werden, je nachdem die Differenzierung sich stützt

a) auf die **Tondauer**: Vătĕr $\left(\underset{\smile}{\underline{}} \underline{}\right)$ = Quantität (Metrum);

b) auf die **Tonhöhe**: Vátĕr $\left(\underline{} \underline{}\right)$ = Accent, Hochton;

c) auf die **Tonstärke**: Vátĕr $\left(\underline{} \underline{}\right)$ = Ictus, Stark- oder Haupton.

Die beiden letzteren sind in der Sprache gewöhnlich verbunden, § 1. so dass wir mit „Hauptton" vielleicht jene besondere Steigerung des Hochtons bezeichnen dürfen, die sich als nötig erweist, sobald mehr als zwei hochbetonte Silben sich zu einem Ganzen (Wort, Satz) zusammenschliessen. Damit nämlich auch hier die Einheit sinnlich wahrnehmbar bleibe, erhält eine von den Tonsilben den Hauptton und hiedurch ein ganz entschiedenes Übergewicht über alle anderen Accente derselben Wort- oder Satzeinheit. Je nach dem logischen Gehalt wird man also betonen: Váterlànd; Vàterlánd. — Das Váterlànd ist heílig; das Vàterlánd ist heilig; das Vàterlánd ist heilig. — Zusammengesetzte Sätze haben natürlich mehrere Haupttöne; allein auch hier bleibt die Einheit der Form gewahrt, auch hier überragt ein Hauptton die übrigen („Starktöne"). Vgl. das Váterlànd sei teúer dir' und heílig[1]).

Achtet ein Schriftsteller oder ein Redner auf angemessenen Abstand und geordnete Verteilung der Haupt- und Nebentöne in seinen Sätzen, so spricht man von einem Rhythmus der Prosa. Wesentlich engere Grenzen jedoch sind dem Dichter gezogen. Die Grundlage des poetischen Rhythmus ist nicht der Satz, sondern die Reihe (Langzeile, Vers). Diese Einheit darf nicht mehr als höchstens 15—16 Silben zählen, damit die Übersichtlichkeit gewahrt bleibt, und ausserdem müssen die schweren Zeitteile in regelmässigen Abständen aufeinander folgen. Die rhythmische Reihe lässt sich daher bezeichnen als eine geregelte Folge von schweren und leichteren Zeitmomenten (Silben). Eine solche über ihre Umgebung durch die Aussprache herausgehobene (= schwere) Silbe im Vers nennt man **Arsis**; die mehr zurücktretende (= leichte) Silbe führt den Namen **Thesis**; die Gesamtzahl aller Zeitteile von einer Arsis zur anderen gibt den **Takt** (Fuss).

Je nach dem Mittel, das der Dichter wählt, um die schweren Taktteile hervortreten zu lassen, erhalten wir die verschiedenen Arten der Dichtkunst. Setzt nämlich der Dichter in die Arsis stets eine Silbe, auf deren Aussprache eine grössere Zeitdauer zu verwenden ist, während in die Thesen nur kurze Silben zu stehen

---

[1]) Wir erhalten somit folgende Tönebezeichnungen: a) **Tonlosig-keit** (v); b) **Hochton** (·); jedes Wort hat nur einen Hochton; alle übrigen Accente derselben Worteinheit ordnen sich diesem als Tieftöne (·) unter, doch besteht zwischen beiden kein wesentlicher Unterschied hinsichtlich ihres rhythmischen Wertes. Treten infolge von TW zwei Accente neben einander, so erhalten wir den gesteigerten Hochton (ʌ) vgl. S. 7 TW; c) der **Hauptton** (>); in zusammengesetzten Sätzen ordnen sich dem wichtigsten Hauptton die anderen als Starktöne (±) unter. Zwischen beiden besteht das gleiche Verhältnis wie zwischen Hoch- und Tiefton.

§ 1. kommen, so erhalten wir die **quantitierende Poesie des Altertums.**
Als Grundsatz wurde dabei von den alten Metrikern festgehalten,
dass eine kurze Silbe den halben Zeitwert einer langen besitze (also
— = ᴗᴗ od. ♩ = ♫). — Kümmert sich der Dichter jedoch nicht
um Länge oder Kürze der Silben, sondern achtet er nur darauf, dass
in die schwereren Taktteile stets betonte Silben fallen, während die
Thesen von unbetonten Silben ausgefüllt werden, so sprechen wir
von **accentuierender** oder auch **rhythmischer Poesie.**

Wie viele unbetonte Silben zwischen je zwei Arsen zu stehen
kommen, ist an und für sich ganz gleichgültig (♩ ♫ = ♩ ♫ =

♩ ♫ oder ♩ ♫ = ♩ ♫ = ♩ ♫ u. s. w). : nur die Unmög-

lichkeit, noch rascher zu sprechen, setzt hier eine Grenze. Doch sind
schon Thesen mit zwei unbetonten Silben, welche dem Vers einen
anapästischen oder daktylischen Anstrich geben, in der rein rhythmischen Poesie des Mittelalters sehr selten. In der Regel besteht die Thesis aus nur einer unbetonten Silbe.

TW. **B. Taktwechsel** (TW). Die accentuierende Poesie ist
gebunden an die landläufige Betonung der Wörter. Es
muss daher die Annahme eines „schwebendes Accentes",
nach welcher bei dichterischen Erzeugnissen gegebenen-
falls auch anders betont werden könnte wie im gewöhnlichen Leben, von vornherein mit aller Entschiedenheit
abgewiesen werden. Denken wir uns nun irgend eine
rhythmische Zeile, vielleicht von der Form ᴗıᴗıᴗı,
so war der Dichter in der Wahl seiner Wörter ausser-
ordentlich beengt. Auf der einen Seite musste der Versschluss unter allen Umständen rein ausklingen; auf der
andern durfte die Zeile nicht mit einem zweisilbigen Worte
beginnen, konnte kein dreisilbiges Wort mit betonter
Mittelsilbe nach einsilbigem gesetzt, kein viersilbiges mit
betonter Pänultima verwendet werden, wenn ein Verstoss
gegen die gewöhnliche Art des Betonens vermieden
werden sollte[2]. Teils um den Versbau zu erleichtern,

[2] ᴗı.ᴗıᴗıᴗ = ıᴗ.′ᴗıᴗıᴗ   ıῡı.ᴗ.ıᴗ = ı′ıᴗ.′ᴗ.ıᴗ
ᴗ.ıῡı.ᴗıᴗ „ ı.ᴗıᴗ.′ᴗıᴗ   ıᴗῡᴗ.ıᴗ „ ı′ıᴗ′ᴗ.ıᴗ
ᴗı.ᴗı.ᴗıᴗ „ ıᴗ.ıᴗ.′ᴗıᴗ   ı.ᴗıᴗ.ᴗıᴗ „ ı.′ıᴗ.′ᴗıᴗ
ᴗıῡı.ᴗıᴗ „ ıᴗıᴗ.′ᴗıᴗ   ı.ᴗῡᴗ.ıᴗ „ ı.′ıᴗ′ᴗ.ıᴗ

teils um Eintönigkeit fern zu halten, gestattete man sich § 1.
daher, den Taktwechsel, d. h. einen Widerstreit
zwischen Wortton und natürlicher Versbewe-
gung zu Anfang der Zeile, der zugunsten des
Accentes zu lösen ist. Bei ansteigenden Reihen setzt
der TW mit der ersten, bei fallenden Reihen mit der
zweiten Silbe ein und erstreckt sich — ausgenommen in
Gedichten, bei denen nur die Silben gezählt sind — über
nicht mehr als 2—4 Silben; dann wird zur ursprünglichen
Bewegung wieder eingelenkt.

Uns, die wir an eine regelmässige Wiederkehr von betonten
und unbetonten Silben gewöhnt sind, mutet eine derartige Störung
des Versflusses fremdartig an; gleichwohl ist der TW auch in
unserer Literatur nicht unbekannt, und es wird sicherlich nie-
mandem einfallen, etwa zu betonen:

> Wohlthätig ist des Feuers Macht . . .
>
> Manchém Gespenst begegnet er . . .

In Zeilen von ansteigender Bewegung lassen sich derartige
Störungen durch kurze Pausen (') unschwer verdecken und selbst
deklamatorisch wirkungsvoll verwerten:

> Brích denn aus deinem Sarge, Steíg aus dem düstern Chor . . . .
>
> Gerechtigkeit, Lándvogt, Dú bist der Richter . . . .

Schwieriger ist die Sachlage bei Zeilen von fallender Bewegung, weil hier durch den TW zwei hochbetonte Silben in der
Aussprache unmittelbar neben einander zu stehen kommen, was beim
Zeilenbau selbst nicht angängig ist. In diesem Falle gibt die eine
von den beiden Tonsilben einen Teil ihres Wertes an die andere
($1 + 1 = v + \lambda$) und wir bedürfen einer doppelten kurzen Pause; die
eine hat den Zweck, die Verschiebungen im Accentwert zu verdecken, während die zweite das Einlenken in die ursprüngliche Bewegung anbahnt. Beispiel:

> Sein Leib'líed' zu bläsen . . .
>
> Ein gar hèrz'líeber' Geséll . . .

Der Taktwechsel ist in der rhythmischen Poesie des
Mittelalters ungemein häufig: von etwa 40 000 lateinischen

(Zu 2): Merkwürdig ist eine Stelle aus dem Grammatiker Ver-
gilius Maro: „festa dium sollemnia. primus versus est trium metrorum,
quorum primum per spondeum et duo sequentia per dactylos ponderantur
ut: festa I dium sol II lemnia III". V. M. liest also nicht fèstä dí ùm
sól lèmnïä, sondern mit Beobachtung des Wortaccentes fésta díum
sol lémnia oder $- \smile . \underline{\smile\smile} .$ $\cdot \smile \smile$ wird zu i v . iv . v i v i.

§ 1 Versen, die ich bisher untersuchte, zeigen ihn fast die Hälfte und zwar in hundertfach verschiedenen Formen. Man wird es daher begreiflich finden, wenn ich bei der Auswahl von Beispielen mich auf solche Formen beschränke, die für unseren nächsten Zweck notwendig sind:

$$\alpha \begin{cases} \text{ét da iúbar' salútis} = \text{ı.v.ıv.'vıv} \\ \text{qui resúrgens' a mórtuìs} = \text{ı.vıv.'v.ıvı} \\ \text{cástum pétis' cubile} = \text{ıv.ıv.'vıv} \\ \text{sómno' quiéscit gráta} = \text{ıv.'vıv.ıv.\_} \end{cases}$$

$$\beta \begin{cases} \text{nòs' cùlpis' solútos} = \text{ı.'ıv.'vıv} \\ \text{tù'òrum' fidéliùm} = \text{ı'ıv.'vıvı} \\ \text{èr'gàstu'lis claúsa} = \text{ı'ıv'v.ıv.} \end{cases}$$

Die Gesetze über den Taktwechsel siehe unter D (vgl. Anmerkung 39).

Silben. **C. Irrationale Silben.** Es ist selbstverständlich dem Dichter völlig anheimgestellt, ob er Zeilen von ansteigender oder von fallender Bewegung wählen, ob er die Thesen durch je eine oder je zwei tonlose Silben ausfüllen will. Allein sobald einmal die Entscheidung gefallen ist, muss die **gewählte Art des Rhythmus auch durchgeführt** werden. Deshalb besteht nicht die mindeste Erinnerung gegen Zeilen wie:

Ihn schlugen die Häscher in Bande . . .

Ich will euch erzählen ein Märlein gar schnurrig . . . . ,

sofern diese Art der Bewegung dem ganzen Gedichte zugrund gelegt ist; andererseits aber geht es nicht an, ohne weiteres einzelne Thesen mit zwei Silben in Zeilen zu verwenden, die vonhause nur solche von je einer tonlosen Silbe mitbekommen haben. Wenn wir daher Zeilen finden, wie:

Als' noch verkánnt und séhr gering
Únser Hérr auf der 'Erden gíng,
Und víele Júnger sich zú ihm fánden,
Die gar sélten sein Wórt verstánden . . .,

so haben die fraglichen Thesissilben (e) nicht mehr den vollen Wert eines unversehrten Taktteiles, sie sind

irrational und stehen ganz auf der gleichen Stufe wie § 1.
die elidierten Silben in anderen Gedichten, etwa:
> Und huldiget der furchtbar'n Macht . . .
> Nur Rumpf und blut'ge Glieder . . .

Solche irrationale, überzählige Silben finden wir auch
in den rhythmischen Gedichten des Mittelalters, was um
so mehr auffällt, als nach den Angaben der mittelalterlichen
Rhythmiker Gleichheit der Silbenzahl für die Grundlage
der rhythmischen Poesie galt[3]). Hier sind also Elision
und Synizese am Platz, gleich wie das Volk oben sprechen
würde: auf (d'r) Erden, Jüng'r, selt'n.

D. Gesetze der rhythmischen Poësie im Mittelalter.

Um ein Urteil zu ermöglichen, ob das saturnische Versmass wirklich den Gesetzen der quantitätslosen lateinischen
Poesie entspreche, mögen dieselben in Kürze angeführt
werden, wie sie aus der Untersuchung Tausender von
Versen sich mir ergeben haben:[4])

Betonung und Aussprache:

1. Die Wörter wurden im allgemeinen so ausgesprochen und betont, wie das wir gewohnt
   sind.
   Nur in volkstümlichen Gedichten finden wir Spuren jener eigen-
   artigen Betonung, die unten (§ 4) näher berührt werden soll.

2. mehrsilbige Wörter erhalten mehrere Accente:
   légibùs, milítibùs; mùltitúdo, cònsuetúdinis, innù-
   merábilis.

3. Eigennamen und Zahlwörter (auch griechische
   Lehn- und hebräische Fremdwörter) sind an die
   Betonungsgesetze nicht gebunden.

4. Schwerbetonte einsilbige Wörter (e. g: fas, mos, rex,
   plebs) müssen den Hochton erhalten; dagegen

---

3) Vgl. Du Méril, poés. pop. 1843 p. 77 Anm. Huemer, lat.
christl. Rhythmen 1879, S. 6 ff.

4) Da ich unmöglich hier die Belege beifügen kann, so bitte ich
Obenstehendes einstweilen zu vergleichen mit dem, was W. Meyer
in den Münchener akad. Sitzungsberichten 1882 I, S. 1 -192 aufge-
stellt hat.

§ 1. können nicht schwerbetonte Monosyllaba (e. g:
sub, is, ut, heu, sum) den Hochton bekommen
oder auch als nebentonig oder unbetont gelten.

Rhythmische Bewegung (Taktwechsel):

5. Die einmal gewählte Art der Bewegung muss
durchgeführt werden; die Thesen dürfen also
nicht bald eine, bald zwei Silben enthalten.
Daher ist

6. die Silbenzahl in der Regel gewahrt.

7. Wo (abgesehen von 14) Silbenzusatz sich findet,
sind wir berechtigt, Synizese und Elision anzu-
wenden.

8. Betonte Silben müssen stets durch eine These
getrennt sein; diese These kann nicht ausfallen,
wohl aber durch Taktwechsel ihren Platz ändern.

9. Wo infolge von Taktwechsel zwei Tonsilben nach
einander gesprochen werden müssen, gibt die
erste einen Teil ihres Wertes an die andere,
und es ist durch irrationale Pausen der Übergang
zum regelmässigen Versfluss zu vermitteln.

10. Der Taktwechsel beschränkt sich auf den Anfang
der Zeile. Selten findet er sich nach richtig ein-
geleitetem Reihebeginn; am Versende ist er ein
streng gemiedener Fehler[5]), der bei wieder-
holtem Vorkommen die Vermutung nahe legt,
dass das betreffende Gedicht metrisch zu fassen
sei (vgl. 17).

11. Bei Langzeilen — und als solche gilt jede Reihe
von mehr als 8 Silben — findet sich TW in der
zweiten Hälfte seltener wie in der ersten.

12. Zeilen von fallender Bewegung haben weniger
TW als ansteigende Reihen.

[5]) Richtige Formen siehe Bem. 2, S. 6. Seltener: Das
fürcht'bäre' Geschlecht der Nacht; Gálliäs' Cáesar' subégit oder die
Form ᴜv.ᴵ'ᴵᴠ.ᴵ'ᴠᴵᴠ. Fehlerhaft sind: Den Jüngling bringt'
keines wieder; An dem Rheine zü' Säckingen; et mira prorsum rès'
föret = ᴠ.ᴵᴠ.ᴵᴠ.ᴵ.ᴵ'ᴵᴠ.

13. Es finden sich Halbzeilen von entgegengesetzter § 1.
Bewegung eingeschoben. Grund:

14. Auftakt kommt vor; er kann in den TW mit einbezogen werden. Dagegen fehlt auch bei ansteigenden Zeilen manchmal die erste unbetonte Silbe, und dafür findet sich dann am Schluss bisweilen eine überzählige Silbe.

Bau der Langzeile:

15. Die Hauptcäsur muss gewahrt bleiben; Wortzerreissung ist unzulässig; bisweilen ist die Cäsur um eine Silbe gegen den Anfang der Reihe zu verschoben.

16. Die Cäsurstelle hat die Rechte des Versschlusses (Reim und Ges. 17—19).

17. Der Versschluss ist unverletzlich und zwar auf 3 oder 4 Silben hin, je nachdem die Zeile mit einer Thesis oder einer Arsis schliest: v ı v (ı). An allen übrigen Stellen ist TW erlaubt (vgl. 10).

18. Schwerbetonte einsilbige Wörter (vgl. 4) sind am Versschluss unstatthaft[6].

19. Hiatus gilt nicht für anstössig.

§ 2. Zur Literaturgeschichte des Saturniers. §2.

Der Saturnier war das älteste und, wie es scheint, Jahrhunderte lang das einzige Versmass der Römer[7]. Die ununterbrochene Reihe von Kriegen, welche diese zur Gründung und Festigung ihres Staatswesens führen mussten, war an und für sich wenig geeignet, die Beschäftigung mit den Künsten zu fördern. Daher finden wir, abgesehen von den uralten Ritualgesängen der Flurbrüder (fratr. arv.) und der Tänzer (Salii) aus den ersten 5 Jahrhunderten der Stadt so geringe Spuren schöngeistiger Bestrebungen,

---

6) In doppelt fehlerhafter Weise sagt also Platen:
Durch Eichwälder und lachende Thäler und tausenderlei Grün.

7) Die Bezeichnung versus Saturnius, zuerst gebraucht bei Varro, de ling. lat. VII, 36, soll nur das hohe Alter des unzweifelhaft in Latium selbst erfundenen Versmasses zum Ausdruck bringen.

§ 2. dass sich fast nicht entscheiden lässt, ob die Prophe-
zeiungen der beiden Marcier, die Spruchsammlung des
Appius Claudius und die Zwölftafelgesetze, bei denen
man allenfalls eine poetische Form vermuten könnte,
überhaupt in gebundener Sprache abgefasst waren. —
Erst die Berührung mit den Griechen weckte in Rom
geistiges Streben. Mit der Einnahme von Tarent (272 a. C.)
vollends trat ein ganz merkwürdiger Umschwung ein.
Unter anderen griechischen Gefangenen kam ein gewisser
Andronikos nach Rom und wurde von dem Senator
Livius Salinator angekauft, um dessen Söhne zu unter-
richten. In Ausübung seiner Lehrthätigkeit nun übertrug
Andronikos — noch im Hause seines Herrn — die Odyssee
des Homer ins Lateinische und zwar in Saturniern. Trotz
ihrer Mängel[8]) wurde diese Übersetzung von grosser
Wichtigkeit für die lateinische Sprache: während in den
ältesten Saturniern die Wörtern genau in den ver-
stümmelten Formen verwendet sind, welche sie im Munde
des Volkes besassen (vgl. S. 27), finden wir bei Andronikos,
zum ersten Male unzweifelhaft[9]), die Endungen zu ihrem
vollen Silbenwert behandelt. Damit war dem überhand-
nehmenden Vokalschwund im Lateinischen ein Riegel
vorgeschoben, da nach dem Beispiele der primores
reipublicae alles, was in Rom Anspruch auf Adel des
Geistes und der Geburt erheben konnte, sich für diese
Neuerung entschied. Es entstand so eine Sprache der Gebildeten neben der altertümlich bleibenden Ausdrucksweise des
niederen Volkes. Nunmehr ging Livius, wie sich Andronikos
nach seiner inzwischen erfolgten Freilassung nannte, einen
Schritt weiter: er machte sich jetzt an die Übersetzung
von griechischen Lustspielen und verband damit den Versuch, die Metren seiner Vorlage mit den Änderungen,

---

[8]) Bekanntlich nennt sie Cicero (Brut. 18, 71) tamquam opus
aliquod Daedali (vgl. id. 19, 75; Hor. ep. II, 1, 53 ff; ib. 2, 69 ff.).

[9]) Vielleicht hatte Appius Claudius schon vorgearbeitet; einen
sicheren Schluss lassen die geringe Zahl der ihm zugeschriebenen
Verse und deren bedenkliche Überlieferung nicht zu.

welche der damalige Stand der lateinischen Sprache § 2.
bedingte, in seinen Übersetzungen beizubehalten [10]). Dadurch wurde er nicht nur der Begründer des römischen
Schauspiels, sondern er gab auch den ersten Anstoss
zur Verdrängung des einheimischen Versmasses, nachdem
dieses eben erst in die Kunstdichtung eingeführt worden
war. Denn seine Bearbeitungen griechischer Stücke fanden
unmittelbare Nachahmung durch Nävius, Plautus und
Terenz, so hart sich diese auch thaten, um die holperige
altlateinische Sprache für die Feinheiten des griechischen
Versbaues herzurichten [11]). Nur in dem alternden Nävius
erstand dem saturnischen Versmass noch ein Vor-
kämpfer [12]); allein dessen Beispiel blieb teils infolge seiner

---

[10]) **Kann Livius zuerst accentuierend und dann
metrisch gedichtet haben?** In Anbetracht des Umstandes,
dass wir eine Zeit literarischen Umsturzes vor uns haben, stehe ich
nicht an, die Frage zu bejahen. Der hl. Augustin sagt (Retract. I, 20),
er wolle auf das Metrum verzichten, um dem niederen Volke ver-
ständlich zu bleiben. In gleicher Weise verbot sich für Livius die
Anwendung eines Versmasses, dessen Prinzipien in Italien überhaupt
noch unbekannt waren, ganz von selbst. Er **musste** also für den
Hexameter den accentuierenden Saturnier wählen, trotzdem die
Handhabung des ungewohnten Versmasses ihm grosse Schwierigkeiten bereitete, und obwohl ihm', dem Griechen, dasselbe für nicht
minder unschön galt wie den späteren Römern. Anders stand es
mit dem Trimeter der Komödie. Hier war die Ähnlichkeit überhaupt grösser und der mündliche Vortrag konnte, zumal wenn der
Accent hörbar blieb, über den Rest der Schwierigkeiten hinweg-
helfen (vgl. S. 30, Bem. 28). — Wenn man uns entgegenhält, dass
die Grammatiker nichts von einem solchen Wechsel berichten, so ist da-
ran zu erinnern, dass sie auch über manches andere uns die Antwort
schuldig bleiben. Kein einziger von ihnen scheint den Livius als saturnischen Dichter zu kennen (vgl. S. 15, Bem. 14), kein einziger gibt uns Auf-
schluss, wie unter die von ihnen citierten Verse aus Livius und Nävius
auch Hexameter geraten konnten. Ebenso sind wir betreffs der obigen
Äusserung des hl. Augustin nur auf diesen selbst angewiesen.

[11]) In den ersten 41 Trimetern des Miles gloriosus finden sich
45 Elisionen; in der gleichen Anzahl der Andria gar 61!

[12]) Für Nävius gilt der umgekehrte Fall wie bei Livius. Er
übersetzte in seiner Jugend zuerst griechische Dramen in der metrischen Weise des Livius. Dann trieb ihn sein Talent zu selbständi-

§ 2. Jugendbestrebungen, teils wegen seines politischen Gegen-
satzes zu der vornehmen Welt in Rom ohne Wirkung,
und so konnte die geschlossene Reihe der übrigen Kunstdichter unter Ennius der Quantität endgültig zum Sieg
über die Rhythmik verhelfen.

Zum Unglück für den Saturnier fiel dieser
Kampf in die Zeit, da zu Rom das Bildungs-
und Kunstbedürfnis sich lebhafter fühlbar machte,
als je zuvor. Die Neuerungen der Kunstdichter fielen
daher nicht nur auf empfänglichen Boden, sondern ihre
Anschauungen wurden auch ausschlaggebend für das
ästhetische Gefühl der ganzen Folgezeit. Seitdem war
der Saturnier dazu verurteilt, ein wenig beachtetes, von
den Kunstdichtern geradezu verachtetes Dasein in den
unteren Schichten des Volkes und den Priesterkollegien
zu führen, deren Ritualgesänge in ihm verfasst waren.
Die letzten Ausläufer desselben begegnen uns in einer
Kantate des Livius (207), dem Bellum Poenicum des
Nävius (204) und einer Junohymne des Lic. Tegula (200).
Dann wird das altnationale Versmass von der Kunstdichtung
nicht mehr gepflegt. Auf Grabdenkmälern und Sieges-
tafeln, sowie zu Tempelinschriften verwendete man, weil
dies die Väter so gehalten. Saturnier bis gegen die Wende
des 1. Jahrhunderts v. Chr.; dann weicht er auch hier
dem Metrum; doch mag er unter dem Volke sich bis
gegen das Ende der Republik gehalten haben [12]).

geren Aufgaben: er behandelte römische Stoffe in griechischer Form.
Mit der Anerkennung, die er fand, wuchs aber auch sein Selbstbe-
wusstsein, und vielleicht war es eine Kränkung desselben durch
die Adelspartei, welche ihn zu einem trotzigen Parteigänger des
niederen Volkes machte. Die Spottgedichte, welche er gegen die
Meteller, die Scipionen und andere Grossen Roms schleuderte, trugen
ihm wiederholte Freiheitsstrafen und zuletzt die Verbannung ein.
Ihn mag also seine Parteistellung bewogen haben, der von den
Grossen gehätschelten griechischen Richtung in seinem Bellum
Poenicum das altnationale Versmass (des niederen Volkes) entgegen-
zustellen. Seine Freude über den Erfolg geht hervor aus Cic. Cato
m. 14, 49 und seiner Grabschrift bei Gellius 1, 24, 2.

[13]) Den Übergang zum Metrum bezeichnet auch hier eine auf-

Wer die **Verfasser** dieser inschriftlichen Saturnier § 2. waren, lässt sich nicht nachweisen. Jedenfalls sind dieselben nicht zu suchen unter jenen „Bänkelsängern, die um Geld und Naturalien Verse zu allen möglichen Gelegenheiten lieferten". Die Familie der Scipionen, die triumphierenden Feldherrn, die Stifter eines Tempels hatten es wohl nicht nötig, von solchen Leuten einige formelhafte Verse zu erwerben. Viel eher würde ich dem Glauben schenken, der behauptete, man habe solche Verse, ehrwürdig schon durch ihre an die Kultusgesänge sich anlehnende Form, um schweres Geld von einem der erwähnten Priesterkollegien bezogen.

So oft klassische Schriftsteller unseres Versmasses gedenken, geschieht dies mit jenem bemerkenswerten Abscheu, mit welchem etwa Horaz dem volgus profanum gegenübersteht. Horaz selbst spricht von ihm als einem horridus numerus, einem grave virus (Ep. II, 1, 175,) und nennt ihn rude et Graecis intactum carmen (Sat. I, 10, 66) [11]. Auch Livius, der Geschichtschreiber, meint den Saturnier, wenn er „inconditi versus" (IV, 53, 11) oder eine Vers-

---

fallend grosse Zahl von Elisionen (vgl. S. 13, Bem. 11). Auf die Hymnenpoesie ist der Saturnier, im Gegensatz zu anderen Versmassen, nicht von Einfluss gewesen. Die erste Hälfte desselben ist nur in zwei Liedern selbständig verwendet: Cultor dei memento (saec. IV., Daniel p. 129) und: Adsunt tenebrae primae (saec. VII., ib. p. 199); die zweite Hälfte nur in Ave maris stella (ib. p. 201). Bemerkt mag noch werden, dass letztere zugleich die zweite Hälfte der sapphischen Zeile bildet.

[11] Dass unter dem „rudis et Graecis intacti carminis auctor" nicht Lucilius zu verstehen sei, siehe b. L. Müller, Horaz I, 137 und Krüger, Anhang. Nach meiner Ansicht ist an Nävius zu denken und das e. Gr. i. ist der Saturnier. Einmal hat N. wirklich Satiren geschrieben (in Sat., vgl. Schanz, Literaturgesch. I, 31), und dann galt merkwürdigerweise N. und nicht etwa Livius, bei den späteren Römern als Erfinder des sat. Versmasses (vgl. L. M. 10 ff.): Obwohl die Grammatiker Verse aus der Odyssee des Livius citieren, erwähnt keiner von ihnen, dass jenes Gedicht in Saturniern geschrieben sei. Vielmehr sagt Diomedes (I, 512) ausdrücklich: Saturnium in honorem dei (*scl. Saturni*) Naevius invenit addita una syllaba ad iambicum versum.

§ 2. gattung erwähnt „fescennino similem, compositum temere et rudem" (VII, 2, 7). Urteilt doch der nämliche Schriftsteller über die Kantate des Liv. Andronikos (XXVII, 37): illa tempestate forsitan laudabile rudibus ingeniis, nunc abhorrens et inconditum! Auch der Scholiast Servius gibt die Wendung in Vergils Georg. II, 385 f: coloni* versibus incomptis ludunt wieder mit den Worten: i. e. carminibus saturnio metro compositis. Alle sonstigen Stimmen aber, die uns noch erkennen lassen, dass diese Verse den alten, in metrischen Anschauungen aufgewachsenen Grammatikern dunkel und holperig erschienen und deren Skandierungsversuche kläglich zuschanden machten [15]), dürfen wir gering anschlagen gegenüber der höchst erfreulichen Thatsache, dass sich unter den mutmasslichen Excerpten des Cäsius Bassus (Keil VI, 1, 265) das für die Ansichten aller anderen Grammatiker massgebende Kapitel über den saturnischen Vers erhalten hat:

„De saturnio versu dicendum est, quem nostri [antiqui] existimaverunt proprium esse Italicae regionis . . . ut vere dicam, quod apparet, usi sunt eo non observata lege nec uno genere custodito, ut inter se consentiant versus, sed praeterquam quod durissimos fecerunt, etiam alios breviores, alios longiores inseruerunt, ut vix invenerim apud Naevium, quos pro exemplo ponerem. Apud Euripidem et Callimachum et quosdam antiquae comoediae scriptores tale inveni genus:

turdis edacibus dolos comparas amice;   [α!
apud Archilochum tale:

quem non rationis egentem vicit Archi-
medes   [β!
et tertium genus:

consulto producit eum quo sit impudentior.   [γ!

Apud nostros autem in tabulis antiquis, quas triumphaturi duces in Capitolio figebant victoriaeque titulum saturniis versibus prosequebantur, talia repperi exempla: ex Regilli tabula:

15) Atilius Fortunat. 2698: obscurus videtur, quia passim et sine cura homines eo utebantur. Terent. Maurus 2506: nostrique mox poëtae* rudem sonum secuti* ut quemque fors ferebat* sic disparis figurae* versus vagos locabant. Dass alle anderen Grammatiker aus Cäsius schöpften, siehe Havet 309 ff.

duello magno dirimendo regibus subigendis   [γ! § 2.
qui est subsimilis *ci*, quem paulo ante posui:
consulto producit eum, quo sit impudentior; *[q. s.*
a. e. a. d. m. a.] [16])
in Acilii Glabrionis tabula:
fundit fugat prosternit maximas legiones.   [ϊ!
Apud Naevium poëtam hos repperi idoneos:
ferunt puleras ereterras aureas lepistas   [β!
et alio loco:
novem Jovis concordes filiae sorores.   [β!
Sed ex omnibus istis (,qui sunt asperrimi et ad demonstrandum minime accommodati,) [16]) optimus est, quem Metelli
proposuerunt de Naevio aliquotiens ab eo versu lacessiti:
malum dabunt Metelli Naevio poëtae.“   [β!
(Folgt die Angabe, wie Cäsius den Vers metrisch fasst.)

Damit haben wir einen bestimmten Anhalt, was man
unter Saturniern sich vorzustellen hat, und da sonst noch derartige Verse obschon in mässiger Anzahl erhalten
sind, so können wir an die Untersuchung derselben
herantreten. Zuvor jedoch mag unsere Überzeugung von
der rhythmischen Fassung des Saturniers begründet
werden.

§ 3. Quantität oder Rhythmus?   § 3.

Vier Umstände sind es hauptsächlich, die in mir die
Überzeugung hervorgerufen und befestigt haben, dass
der saturnische Vers rhythmisch zu fassen sei:
a) das Wesen des altlateinischen Accentes,
b) das Zeugnis des Altertums,
c) der Misserfolg aller neueren Gelehrten, welche
den Vers prosodisch zu messen versuchten, und
d) die Thatsache, dass die saturnischen Verse sich

---

[16]) Ich vermute hier eine Textverschiebung. In der vorliegen-
den Fassung beziehen sich die Worte „qui sunt — accommodati“
auch auf die Nävianischen Verse, obwohl diese der Gattung ange-
hören, für welche sich Cäsius entscheidet, und nicht solche metrische
Unmöglichkeiten enthalten, wie die Verse α, β und γ. Was soll das
ferner heissen: „Von diesen klotzigen Versen ist der beste: m. d. . . . .“?
Die Worte gehören, wie oben angedeutet, hinauf vor: in Acil.
Glabr. tab., beziehungsweise vor: Apud nostros . . . . . .

§ 3. ohne weiteres den Gesetzen fügen, welche in der teilweise auf dem Altertum fussenden lateinischen Poesie des Mittelalters beobachtet sind. (Vgl. noch S. 30 Bem. 28.)

a) Über **das Wesen des altlateinischen Accentes** sind wir auf die Abhandlungen von Schöll (De accentu linguae Lat. in: Acta soc. philol. Lips. VI, p. 1) und Seelmann (Aussp. des Lat. Heilbr. 85) angewiesen *).

Nach beiden drückt zweifellos der Accent nicht nur eine Tonhöhe, sondern zugleich eine Tonstärke aus. Namentlich Seelmann hat nachgewiesen, dass von einem quantitierenden Sprechen seitens der alten Lateiner keine Rede sein könne: vom Anbeginn war lediglich der Accent für die Aussprache massgebend, und zwar kennzeichnet sich derselbe als eine Kombination von Tonhöhe und Tonstärke, nur dass die betonten Silben im Lateinischen mit etwas weniger, die unbetonten mit etwas mehr Energie ausgesprochen wurden, wie das im Deutschen geschieht. Für die Beantwortung der weiteren Frage, was denn bei dieser Kombination das Ursprüngliche und Wesentliche war, kommt zunächst in Betracht, dass der Accent im Frühlateinischen die lebhafte Neigung zeigt, möglichst weit gegen den Anfang des Wortes hin zurückzutreten. Nun ist aber die Sprachbethätigung ein rein physischer Vorgang, und da nach einem allgemein gültigen Naturgesetz immer der erste Kraftaufwand am leichtesten fällt, so geht aus jenem Streben mittelbar hervor, dass der Accent einen Kraftaufwand erforderte. Ferner verfallen gerade die Laute am meisten dem Schwund oder der Schwächung, welche örtlich am weitesten von der Tonstelle entfernt sind. Endlich ordnet sich der Accent die Quantität in der Weise unter, dass kurze Silben durch ihn gelängt, dagegen lange, von ihm nicht gehaltene, als kurz betrachtet werden können. Der wesentliche und ursprüngliche Gehalt des altlateinischen Accentes

*) Corssen lässt uns hier im Stich, da seine betreffenden Aufstellungen sich widersprechen.

besteht somit in der **Ton stärke**. Die Überlegenheit des § 3.
altlateinischen Hochtons über die Quantität geht auch
daraus hervor, dass die Länge der vorletzten Silbe den
Accent noch nicht an eine bestimmte Stelle zu bannen
vermag und darum Laute zum Schwund gekommen
sind, bei denen nach den späteren Accentuationsgesetzen
dies unmöglich hätte eintreten können (vgl. § 4 B).
Dann kann aber auch in den Zeiten vor Livius
die Quantität nicht die Grundlage der römischen
Poesie gebildet haben, weil eben nie das
Schwächere massgebend sein wird für das
Stärkere. Zu dieser Auffassung passt ferner

b) **das Zeugnis des Altertums.** Nur wenn ein
anderes Prinzip als das der urbanen Quantitätsmessung
durch das Urteil des HORAZ getroffen werden sollte, lässt
sich dessen schroffe Form erklären. Ganz abgesehen
davon, dass ausdrücklich von einem numerus (= ῥυθμός)
Saturnius die Rede ist; aber den Sarturnier als „tödliches
Gift“ zu bezeichnen, das dem Bestand der eigenen Vers-
kunst Gefahr drohte, hatte doch wohl nur dann einen Sinn,
wenn das Accentuationsprinzip dem Bau desselben zugrund lag. Auch der Widerspruch zwischen der Bemerkung des Horaz, die (feinfühlenden) Griechen hätten diese
Zeile nicht verwendet, und der Angabe des Cäsius, er
habe solche Verse bei Euripides, Kallimachus und Archi-
lochus (u. a.) gefunden, löst sich nur durch die Annahme,
dass Horaz denselben Vers, den Cäsius als metrisch erklären möchte, für rhythmisch gehalten hat. — Ausser
diesem erst zu erschliessenden Zeugnis des Horaz be-
sitzen wir noch offene, klare Angaben, dass beim Saturnier
nicht das Metrum ausschlaggebend war. Seiner Nach-
richt, dass unter dem Landvolk das saturnische Versmass
üblich gewesen, fügt der SCHOLIAST ausdrücklich hinzu:
„quod (scl. carmen) ad rhythmum solum vulgares com-
ponere consueverunt“, und bei PRUDENTIUS (hymn. IV. D.
M. 43 p. 50) heisst es: Quatuor posthinc superest virorum*
nomen extolli renuente metro* quos saturnios

§ 3. memorat vocatos* prisca vetustas. Somit bleibt uns von alten Zeugnissen nur die Auffassung des Cäsius Bassus zu besprechen übrig; seine Nachbeter fallen mit ihrer Stütze.

Dass der Saturnier ein metrisches Gebilde sei, setzte Cäsius als selbstverständlich voraus. Um nun die Grundform zu erhalten, berücksichtigte er zunächst nur solche Verse, bei denen keine Elision nötig war, und das brachte ihm eine Überraschung: er erhielt dadurch Verse von 8+6, 9+6, 8+7 und 7+6 Silben[17]. Daraus bildete er ganz mechanisch seine 4 genera, von denen ihm jedoch nur das letzte ganz zusagte, weil eben nur die Verse δ zu seiner vorgefassten Meinung passten. Die drei ersten Gruppen hingegen bezeichnet er als asperrimi et ad demonstrandum minime accommodati: sie haben zuviel Silben, von denen keine durch Elision beseitigt werden kann, und enthalten in metrischer Hinsicht manches Absonderliche. Das letztere war überhaupt ein wunder Punkt; die übergrosse Mehrzahl der Verse schien abgefasst, als wenn es gar keine feststehenden prosodischen Gesetze gäbe (non observata lege). Trotz allen Suchens findet daher Cäsius mit knapper Not (vix) aus den sieben Büchern des Nävius ganze zwei Verse, die als Beispiele dienen könnten, und selbst diese bezeichnet er als nur idonei. Von Triumphaltafeln kann er wiederholt nur einen Vers brauchen; selbst für seine Mustergattung vermag er aus der verhältnismässigen Fülle von literarischen und inschriftlichen Saturniern, die ihm zur Verfügung stand, nur den einen offenbar aus dem Stegreif gedichteten

[17] Oben (S. 16 f.) bezeichnet mit α, β, γ, δ. Schon hieraus geht hervor, dass Havet und L. Müller Unrecht haben, wenn sie behaupten, der Vers Consulto seqq. lasse sich mit dem vorausgehenden (Duello seqq.) in keiner Hinsicht vergleichen, und es sei deshalb zwischen den beiden eine Lücke anzunehmen. Ausser der gleichen Silbenzahl sind sich beide Verse auch darin „subsimiles“, dass sie ebensogut als Zeilen mit fallender Bewegung sich lesen lassen wie als „Saturnier“ (vgl. unten Nr. VII):

cònsúlto prodúcit éum quó sit impudéntiòr
duéllo mágno diriméndo régibùs subígendis. (Über die letztere Betonung vgl. § 4 B.)

und von seinem Urheber vielleicht wirklich quantitierend § 3
gebauten Vers als vollgültig anzuführen:

Mālūm dābūnt Mĕtĕllī Naēvĭō pŏ̄ētae!

Armer Metriker! Genau dasselbe klägliche Resultat
müsste jemand erhalten, wenn er, von dem
umgekehrten Standpunkte ausgehend, nachweisen wollte, dass die kirchlichen Dichtungen
etwa des 12. Jahrhunderts metrisch zu fassen
seien.

c) **Misserfolge neuerer Quantitätsmessung.** An-
gesichts solcher Verhältnisse müsste es uns geradezu
wunder nehmen, wenn es neueren Prosodikern, zumal·
bei der verhältnismässig geringen Menge des uns zur
Verfügung stehenden Materials, gelungen sein sollte, den
Beweis für die metrische Fassung des Saturniers zu
liefern. Es wird kaum ein zweites wissenschaftliches
Gebiet geben, auf welchem die Vertreter einer und derselben Grundanschauung sich gegenseitig so verleugnen,
wie hier. Ich verweise nach dem Vorgang von KELLER
(I, 73) auf das Schicksal der Zeile 6a im zweiten Scipionenelogium, die gemessen wurde:

dedét tempéstátebus von ALLEN,
dedét témpestátebús v. BARTSCH,
dedét témpestátebus v. BÜCHELER,
dedét témpestáte bus aíde méreto vóta v. RITSCHL,
dedét tempéstatébus v. SPENGEL und BUCHHOLTZ,
dedet témpestátebús v. HAVET und REICHARDT, und
(gar nicht) v. L. MÜLLER.

Diese Zusammenstellung allein schon beweist uns,
dass die Grundlagen der metrischen Messung sehr wacklig
sind, und dass die Ansichten der einzelnen Metriker sich
auf Voraussetzungen stützen, die, im Widerspruch mit
allen sonstigen Beobachtungen stehend und von den
eigenen Gesinnungsgenossen bekämpft, niemals den Gegner
zu überzeugen vermögen. Da dürfen Thesen ausfallen
und zwei Arsen unmittelbar zusammentreffen; da werden
Ausnahmen über Ausnahmen von den sonst beobachteten

§ 3. prosodischen Werten konstatiert und der Theorie zuliebe
selbst an Steininschriften Änderungen vorgenommen. Der
eine (HAVET) erklärt alle Endsilben im Bedarfsfall für
lang und überträgt das für das Drama aufgestellte Gesetz
von den „breves breviantes" ohne weiteres in ausgedehn-
testem Masse auf den Saturnier. Ein anderer (REICHARDT)
hält das letztere für unmöglich und schränkt das erste ein,
liest aber selbst z. B. Runcŭs, filiē, omniä, facĭt, queiratīs cett.
und stellt den Satz auf, die Schlussthesis könne, wenn
nötig, in beiden Halbversen auch wegfallen. Nicht einmal vor dem Versende machte man also halt! Was bleibt
am Saturnier noch Festes, wenn man den alten Grammatikern beipflichtet, wie das L. MÜLLER (S. 7.116) thut: „dass
sie den Spondeus (bezügl. Anapäst oder Daktylus) statt des
Jambus oder Trochäus für zulässig hielten, zeigen die
von ihnen gebotenen Beispiele; auch an beliebiger Auf-
lösung der Arsis nahmen sie gewiss keinen Anstoss"?
Oder kann wirklich noch im Ernst von einer Messung
die Rede sein, wenn erst zugestanden werden muss, was
KLOTZ (p. 363) beansprucht: „Thesenunterdrückung und
zwar nicht bloss am Ende der Verse; irrationale Längen
auch in den inneren Senkungen der Dipodie; Eigenheiten
in der Bildung der Hebungen; die Wirkungen des metrischen Kürzungsgesetzes und anderes"? (Vgl. ebenda S.
99 ff; 224 ff; 229. 233.)

Ich denke, auch hiernach hat die Vermutung, dem
Saturnier möchte am Ende das Quantitätsprinzip gar
nicht zugrund liegen, volle Berechtigung.

„Nein, und abermals nein", ruft da ein Gegner. „Die
rhythmische Poesie des Mittelalters ist erst entstanden
aus stets weiter fortschreitender Unkenntnis oder Vernachlässigung der Quantitäten, zumal in Anfang und
Mitte der Verse, wie sie beim grossen Haufen schon in
der Blütezeit der klassischen Sprachen sich gelegentlich
zeigt" (L. M. 28. 176). — Angenommen, wenn auch nicht
zugegeben; aber das steht doch zweifellos fest, dass die
saturnischen Verse der gewöhnlichen Quantitätsmessung

ganz bedenklichen Widerstand leisten? „Freilich". Nun § 3.
gerade weil die sonst streng gewahrten Quantitäten hier
missachtet sind, wohl aber am Ende der Zeilen und bei
der Cäsurstelle regelmässig Hochton und Arsis zusammenfallen, stellt für uns der Saturnier den Anfang der
lateinischen, rhythmischen Poesie dar.

„Das letztere beweist nichts," hält uns hier der
Metriker entgegen. „Diese Übereinstimmung zwischen
Accent und Ictus am Ende des ordo metricus ist auch
ein Grundgesetz der Metrik und findet seine Erklärung in
den monotonen Accentuationsgesetzen der lateinischen
Sprache"[18]. — Zunächst scheint mir dieses Zusammenfallen von Accent und Arsis am Versschluss überhaupt
nicht so allgemein gewahrt, als man nach diesem Satze
annehmen möchte. Daktylen können natürlich zur Ver-
gleichung nicht beigezogen werden. Im ersten Buche
des Phädrus aber, das ich zu diesem Behufe untersuchte,
zeigen von 342 Versen **volle 38 %** (= 130 V.) diese „ge-
setzmässige" Übereinstimmung **nicht**. Dagegen ist die
Reinheit des Zeilenausganges eines der wichtigsten und
strengsten Gesetze des rhythmischen Versbaues. Was
die übrigen Takte anlangt, so behaupten wir gar nicht,
das Wesen der rhythmischen Poesie bestehe darin, dass
alle besseren Taktteile durch betonte Silben ausgefüllt
seien. Nur das Versmaterial muss vorhanden sein, die
gerechte Anzahl von betonten und eine entsprechende
Anzahl von unbetonten Silben; die Verteilung der
Accente selbst richtet sich nach der Wortfolge.

In dieser unserer Auffassung vermag auch das „erste
Gesetz" der Metrik, dass der poetische Rhythmus möglichst im Gegensatz zum grammatischen Accent stehen
müsse (L. M. 37), uns nicht wankend zu machen. Einmal
scheint auch dieser Satz nicht über jeden Zweifel erhaben,
denn bei jenen Senaren des Phädrus trifft in nicht weniger
als 91 Fällen (= **27 %**) auf **jede** Arsis eine hochbetonte

---

[18] L. M. 30 nach W. Meyer, Münchener akad. Abhandlungen
1886, S. 269 ff.

§ 3. Silbe; sodann aber hat auch in der christlichen Hymnologie und sonstigen rhythmischen Gedichten des Mittelalters der Accent niemals den Einfluss auf die Vers-
bildung gehabt, den man, von unserer Gewohnheit ausgehend, bei solchen Versen vorauszusetzen pflegt. Erst
Opitz (1624) hat das regelmässige Zusammenfallen von
Hochton und Arsis befürwortet und ihm zum Siege in
der deutschen Literatur verholfen[19]. Dagegen sind es
der kirchlichen Hymnen vor dem 13. Jahrhundert, die
weniger als 5% Taktwechsel aufzuweisen haben, gar
wenige (nicht 1 : 100). Die erhobenen Einsprüche vermögen uns daher nicht abzuschrecken, eine ähnliche Art
rhythmischen Versbaues auch für das Altertum anzunehmen, zumal das Vorhandensein von accentuierenden Liedern unter dem niederen Volke sich nicht bezweifeln lässt[20].
Erklären lässt sich die Entstehung der rhythmischen
Langzeile aus der Mitte des niederen römischen
Volkes ohne besondere Schwierigkeiten. Beide Parteien,
Metriker wie Rhythmiker, stimmen darin überein, dass
das Zeilenende gegen die Willkür der Dichter besonders
geschützt war. Die Wahrung des reinen Versschlusses
scheint also neben jener von gleicher Silbenzahl die
ursprünglichste Forderung der Dichtkunst gewesen zu
sein. Nehmen wir nun an, dass auch das niedere römische
Volk, wie jedes andere, eine Abneigung gegen lange
Zeilen hatte, und dass der Vers entstanden ist aus der
Zusammenfügung zweier Kurzzeilen[21], so erklärt sich

---

[19] Die merkwürdige Stelle aus „Von der deutschen Poeterey"
lautet: „...; nicht zwar das wir auff art der griechen vnnd lateiner
eine gewisse grösse der sylben können inn acht nemen; sondern das
wir aus den accenten vnnd dem thone erkennen, welche sylbe hoch
vnnd welche niedrig gesetzt soll werden."

[20] LABERIUS (z. Z. Cäs.): versorum non numerorum numero
studuimus (Ribbeck II v. 55). Ob der Schiffer, der abwechselnd mit
dem Wanderer sein Liebchen besingt (Hor. sat. I, 5, 15) multa pro-
volutus vappa wohl anders betont haben wird, wie im gewöhnlichen
Leben? Und die Kinder beim Spiel?

[21] Vgl. hierüber USENER, altgriech. Versbau, Bonn 1877; KLOTZ,
Altröm. Metrik, Lpz. 1890.

die Thatsache des Zusammenfallens von Hochton und § 3.
Arsis an der Cäsurstelle und beim Versende ganz von
selbst. Die Anfänge der beiden Halbzeilen blieben dem
freien Taktwechsel überlassen. Hiatus, der durch Kon-
sonantenabfall am Schluss der Wörter eher begünstigt
war, erscheint nicht verpönt. Die Elision gilt nur als
ein Mittel, unbequeme Endsilben zu beseitigen; wo solche
nicht unbequem werden, da macht man auch keinen
Gebrauch von ihr, so dass unter Umständen Hiatus und
Elision in derselben Halbzeile vorkommen. Auf dieser
Stufe steht noch der saturnische Vers.

§ 4. Material und Einzelheiten der Untersuchung. § 4.

Bevor wir den schuldigen Beweis antreten, dass der
saturnische Vers sich wirklich ganz den Gesetzen der
sonstigen quantitätslosen Poesie fügt, müssen wir uns
zuvor über das Material und manche Einzelheiten der
Untersuchung aussprechen. Auch hier finden wir zwei
Parteien, sofern die einen von den inschriftlichen Saturniern ausgehen, während die anderen das Hauptgewicht
auf die literarischen Überreste legen. Sehen wir selbst!
Livius (40, 52) gibt uns den Inhalt der Triumphaltafel
des Regillus folgendermassen, wie man anzunehmen ver-
sucht ist, wörtlich: „supra valvas templi tabula cum titulo
hoc fixa est: Duello magno regibus dirimendo caput
subigendis patrandae pacis haec pugna . . .“; und doch
lautet die wirkliche Fassung des Verses (bei Cäsius)
wesentlich anders! Eine noch grössere Verschiedenheit
ergibt sich bezüglich der Tafel des T. Quinctius aus
einem Vergleiche zwischen Livius (6, 29: his ferme incisa
literis!) und Festus (363). Nachweisbar sind ferner bei
literarischen Saturniern Archaismen beseitigt worden, und
Text, Versabteilung und Überlieferung derselben liegen
oft sehr im Argen. Wer also, müssen wir fragen, bietet
uns eine Gewähr für die richtige Überlieferung dieser
literarischen Bruchstücke? Man hat zwar darauf hin-

§ 4. gewiesen, dass auch auf den Inschriften Fehler vorkommen,
und die Frage aufgeworfen, was für eine Vorstellung wir
vom daktylischen Versmass erhalten würden, wenn wir
uns die Gesetze desselben aus den Inschriften rekon-
struieren müssten; allein wir haben eben nicht so viele
Saturnier, wie uns Hexameter zur Verfügung stehen,
und so wird es sich kaum als „verkehrter Missbrauch
der inschriftlichen Überreste" bezeichnen lassen, wenn
wir die Inschriften zur Grundlage unserer Untersuchung machen. Haben sie doch den unersetzlichen
Vorteil für uns, dass nahezu jeder Zweifel an der Überlieferung und Gestaltung des Textes ausgeschlossen ist.
Schreib- und Auffassungsfehler mögen mit untergelaufen
sein, obwohl ich mir nicht recht vorstellen kann, dass
bei solchen für Jahrhunderte berechneten Denkmälern die
Steinmetzen ohne genaue Vorlage gearbeitet haben
sollten [22]; allein solange ein Fehler nicht ganz unzweifelhaft als solcher nachgewiesen ist, erscheint eine Text-
änderung als durchaus unzulässig. Ob dabei sich alle
Verse der Theorie fügen, die wir aufstellen möchten,
kommt nicht in Betracht: die Theorie muss sich nach
den Versen richten, nicht aber umgekehrt das Material
nach der Theorie.

Dabei verdienen jedoch mehrere Punkte berührt zu
werden, die meines Wissens noch niemand mit dem
Saturnier in Verbindung gebracht hat: der Silbenschwund
und die Accentuation im Altlateinischen.

Bei der inschriftlichen Wiedergabe saturnischer Verse
ist nicht immer der Grundsatz festgehalten, die einzelnen
Wörter genau so zu schreiben, wie sie im Munde der
Zeitgenossen lauteten. Auslautendes m und s ist nicht
immer weggelassen, est findet sich niemals inkliniert u. ähnl.
Andrerseits aber zeigen manche Wortformen einen Mangel
an Silben, der sie den Ausdrücken der lateinischen Um-

[22] Man halte uns nicht die acta fratr. arval. (RITSCHL, monum.
tab. 36) entgegen: die offensichtige Flüchtigkeit in der Ausführung
derselben lässt sich mit der Sorgfalt der alten Steinmetzen in keiner
Hinsicht vergleichen.

gangssprache nahe bringt. Varro (de lingua lat. VII, 27) § 4.
erwähnt aus dem carm. Sal. ausdrücklich die Schreibung
cante f. canite, und nach Festus (205) fanden sich eben-
dort pa f. parte, po f. potissimum, sowie die Formen
privicloes und pilumnoepoploi[23]. Im carm. fratr. arv.
lesen wir sins und sers (= sirs f. sinas und siveris),
advocapit(is) und vielleicht noch incurr und satur (vgl.
§ 5, I). Auf den anderen Inschriften, die uns demnächst
beschäftigen werden, begegnen uns ferner die Formen
Loucanam f. Lucaniam (unten II, 6); [actate f. aevitate?
V, 2]; duct (VI, 1), capt (VI, 1) und asper (VIII, 1) für
ductu, capta, aspere, ohne dass der Stein eine Lücke
aufwiese[24]. Konnte man aber in diesen Fällen sich
nicht von dem Brauche der Volkssprache losmachen, so
liegt andererseits auch die Vermutung im Bereiche der
Möglichkeit, diese Saturnier seien zwar mit Beobachtung
der äusseren Form altlateinischer Verse gedichtet, aber
in der allgemein üblichen Schriftsprache aufgezeichnet
worden, und damit Silben zur Darstellung gelangt, die
so wenig gemessen werden dürfen, als sie der Verfasser
sich gesprochen dachte. Selbst klassische Schriftsteller,
Dichter wie Prosaiker, erlaubten sich gelegentlich Formen
wie puertia (Hor.), benficium (Phaedr.), inger (Cat.), vinclum
(Caes.), rapsit (Cic.), striglibus (Iuv.), dixti (Verg. Cic.) und
viele andere (vgl. Corssen); warum sollte bei Versen,
die in den unteren Schichten des Volkes entstanden oder
nach dessen Gewohnheiten gedichtet sind, eine Verwendung von irrationalen Silben oder Endungsabfall
nicht ebenfalls, und selbst in grösserem Umfang ange-

---

23) F. priviculis und -populi. In iancus vermutet Havet 249 ein
ianicus = ianitor; in cm ein cum.

24) Vgl. Vesúne dúnom dédea (= dedicat) cúmnios cétur
(Philol. XIII, 208). Auch die Metriker müssen solche z. T. an den Endungs-
abfall der ältesten Inschriften erinnernde Formen annehmen: L.
Müller: reum 6; ben 52; meas 57; eis 108; dies 114; malfica 130;
minstratores 139; obliscere 150; puer 165; Proserpna 165; vorat 171;
Havet: poplus 193; -- i 201; Herclei 233; optuma f. opituma 238 u. a.
Siehe auch die Zusammenstellung b. Reichardt S. 236 f.

4. nommen werden dürfen? Darauf scheint auch des Cäsius
Bemerkung zu führen, es hätten sich unter den Saturniern
längere und kürzere Verse befunden. Elidierte er
nämlich, so oft zwei Vokale zusammentrafen, so erhielt er
dadurch häufig zu kurze Verse; umgekehrt aber mussten
ihm nicht selten zu lange Zeilen begegnen, wenn er alle
geschriebenen Silben zu ihrem vollen Werte mass. Der
Mann aus dem Volke dagegen, der sich am Hiatus nicht
stiess und irrationale Silben so wenig las, als er sie im
täglichen Verkehr sprach, fand bei denselben Versen
alles in Ordnung.

Ich glaubte daher, auch die erwähnten Eigenheiten
der lateinischen Umgangssprache in den Bereich meiner
Untersuchung ziehen zu sollen. Dabei könnten jedoch
zwei Umstände bedenklich erscheinen: Geht es an,
die Erscheinungen des „Vulgärlatein", welche uns nur für
spätere Jahrhunderte direkt bezeugt sind, ohne weiteres
für die ältere Saturnierdichtung anzunehmen; und wenn
das, ist es denkbar, dass die unbeholfene Steinmetzkunst
des 6. Jahrhunderts der Stadt Silben zur Darstellung
gebracht habe, die in der Aussprache nicht gehört
wurden? — Ich halte beides nicht für unmöglich. Die
Umgangssprache ist überhaupt nicht immer eine Ver-
schlechterung des schriftgemässen Ausdruckes, sondern
weit häufiger hat sich nur das Altertümliche, Ursprüngliche im Volk erhalten, während die Sprachgewohnheit
der Gebildeten im Abschleifen der charakteristischen
Härten fortgeschritten ist. Das Altlateinische war, wie
uns das carmen Saliare und das carm. fratr. arval. erkennen lassen, ein rauher, harter Dialekt, bei dem Endungsabfall und Vokalschwund eine grosse Rolle spielten.
Seitdem man aber zu Rom auf die Erzeugnisse griechischer Dichtkunst aufmerksam geworden war, in denen
strenge Gesetze über Metrik und Accentuation ein Schwinden von Wortbestandteilen fast unmöglich machten,
wirkten auch in Rom Bühne und Schule mit Unterstützung
des Adels dahin, dass Genauigkeit anstelle der bisherigen

Willkür in der Vokalbehandlung zur Geltung komme. § 4.
Während solchergestalt eine Schriftsprache und eine
Sprachschrift der gebildeten Stände geschaffen wurde,
blieb die Sprechweise der niederen Volksschichten, wie
sie bisher gewesen. In der Blütezeit Roms finden wir
von derselben nur wenige Spuren *); sobald aber die
urbane Bildung zugleich mit der antiken Gesellschaft sich
überlebt hatte, drängte sich der volkstümliche Ausdruck
wieder in den Vordergrund. Die Verteidigung der Ge-
lehrtensprache führten die Grammatiker; daher auf einmal
die vielen Belege für „vulgäre" Wortformen; allein wir
dürfen uns die Sache nicht so vorstellen, als ob damals
erst eine Vulgärsprache sich gebildet habe: Endungsabfall
und Silbenschwund lassen sich in den ältesten Saturniern
genau so beobachten wie bei der Volkssprache der
Kaiserzeit, und umgekehrt lässt sich hier ein Bestreben
des Accentes, gegen den Anfang des Wortes zurückzutreten beziehungsweise an der Stammsilbe zu haften,
noch immer beobachten, wenn es sich auch nicht mehr
so lebhaft kund thut wie dort. Deshalb dürfen wir, unzweifelhaft jüngere Formen ausgenommen[25]), die Erscheinungen des Vulgärlateins mit der nötigen Vorsicht auf
die saturnische Dichtung anwenden.

Bezüglich des Vorkommens von irrationalen Silben
muss es zunächst auffallen, dass solche erst zu einer
Zeit auftauchen, in welcher das auf der Quantität auf-
gebaute neuere Accentuationsgesetz schon angefangen
hatte, der lateinischen Sprache einen anderen (daktylischen) Wortfall zu geben. Im ältesten Scipionenelogium
(CIL 1, 32) ist der Hiatus vermieden und die Silbenzahl
fast so sorgfältig gewahrt wie in den alten Kultusgesängen.
Offenbar hatten die Scipionen einen Kunstdichter für die

---

*) Man hat deshalb das Vorhandensein einer Sprache des nie-
deren Volkes überhaupt geleugnet; vgl. jedoch die zahlreichen Beleg-
stellen bei Rönsch, Itala u. Vulgata. Marburg 1875, S. 13 f.
25) So wird z. B. die Form hommes nie in einem alten Saturnier
stehen können, sondern eher homōnes, das Ennius bietet.

§ 4. Abfassung dieser Verse gewonnen, was bei ihrem An-
sehen und ihren Beziehungen zu der neuen poetischen
Richtung nicht schwer halten konnte. Ein besonderes
Interesse bietet diese Grabschrift dadurch, dass sie zugleich das erste Beispiel einer zu Rom gefertigten Stein-
inschrift darstellt, während man früher sich damit begnügt
hatte, die Worte mit Tinte auf den Marmor zu schreiben [26].
Von tadellosem Bau, in rhythmischer Hinsicht, sind ferner
die Verse des Elogiums A (CIL I, 30), so dass die
Vermutung nahe liegt, auch diese Verse stammen von
einem poëta doctus [27]. Dann aber beginnt die freiere
Behandlung des Versmasses, mithin zu einer Zeit, da
der Saturnier von den Kunstdichtern bereits mit Acht
und Bann belegt war [28]. Wer aber dichtete da noch
Saturnier? Leute aus den niederen Kreisen des Volkes;

[26] Die Zierlichkeit der Buchstaben weist vielleicht auf griechische Steinmetzarbeit hin, so dass auch die Technik unserer
Lösung nichts in den Weg legt.

[27] Ich möchte an Ennius denken, der von Cato, einem aus-
gesprochenen Gegner der griechischen Richtung, nach Rom gebracht
wurde, dort sich aber mit den Scipionen so eng befreundete, dass
er sogar in deren Grabmal an der via Appia seine letzte Ruhestätte
gefunden haben soll. Freilich ist E. erst 204 nach Rom gekommen.

[28] Man hat die prächtigen Ansätze nicht nur verkümmern
lassen, sondern geradezu absichtlich vernichtet. Lieber schuf man
ein neues Accentuationsgesetz, das die Wörter in die Fesseln der
Quantität (Metrik) presste, als dass man sich des altnationalen Versmasses noch weiterhin bediente, trotzdem es für grössere Aufgaben
sich schon bewährt hatte. **Warum das?** Weil man, nachdem die
Entscheidung zugunsten der Quantität einmal gefallen war, mit dem
Prinzip, auf welchem der Saturnier beruhte, brechen **musste**. Gerade
die gänzliche Vernachlässigung des Saturniers von-
seiten der Kunstdichter, für welche sich ein vernünftiger
Grund kaum angeben lässt, wenn jener metrisch gebaut gewesen
wäre, liefert uns daher einen neuen Beweis, dass nur
der Accent bei demselben den Ausschlag gab. War
ferner in Italien die Quantitätsmessung schon üblich, dann konnte
doch Andronikos bei seiner Odysseeübersetzung den
Hexameter beibehalten und als **Lehrer** seinen Zög-
lingen schliesslich den Unterschied zwischen einem
Jambus und einem Daktylus beibringen! Oder? (Vgl. S.
13, Bem. 10).

möglicherweise auch Salier und fratres arvales; jeden- § 4.
falls keine Kunstdichter mehr, die mitten in den literarischen Bestrebungen ihrer Zeit standen. Nach welchen
Richtpunkten? In der Weise des niederen Volkes
und mit äusserlicher Beobachtung der früher lebendigen
Form? Und für wen? Für Leute aus den gebildeten
Ständen, welche die bestellten Verse dann in den Stein
meisseln liessen. Es ist daher nicht unmöglich, dass
Verse, die nach Art des Volkes gedichtet waren, in
moderner Schrift wiedergegeben und — abgeändert
wurden. Ein treffliches Beispiel haben wir im carmen
fratr. arval., wo der Steinmetz das nicht verstandene
incurr einfach mit incurrere wiedergab (vgl. § 5 I).

A. Proben von Silben- und Vokalschwund im Vulgärlatein. A.

Vgl. Schuchardt, Vokalismus des Vulgärlatein III, 394. Corssen,
Aussprache, Vokalism. u. Betonung. II. Bd. Seelmann, Aussprache
des Lat. Sittl, Lokale Verschiedenheiten. [Rönsch, Itala u. Vulgata.]
Diez, Gramm. d. roman. Sprachen. — * f. = „gesprochen od. geschrieben für"; a. = „entstanden aus"; z. = „wird zu".

I. Es schwinden Konsonanten zwischen 2 Vokalen, und
solchergestalt zusammentreffende Vokale können kon-
trahiert werden.

v: Maurs f. Mavors; probait f. probavit; aus, flaus, failla, rius,
paor f. avus etc.; oum f. ovum. — citates f. civitates; deina, dinai f.
deivina, divinai; novem, navis, brevis b. Plaut. einsilbig, oblivisci
zweisilbig (vgl. nauta neben navita, naufragus u. ναϑ;); iunior a. iu-
venior, daher iuventutem bei Plaut. dreisilbig; bobus neben bovibus;
prudens a. providens; malo a. mavolo; nolo a. non volo; quorsum a.
quoversum; divitior z. ditior; rursus a. revorsus; die vielen Verbalformen
nach dem Beispiele curarunt, curasse, currassem f. curaverunt u. s. w.
— h: mi, nil, cors, vemens f. mihi, nihil etc.; prehendo neben prendo;
nemo a. nehomo; dehibeo, prachibeo (Pl.) z. debeo, praebeo. — g: agios
neben aios (cf. Aja Sofia); magister z. maître u. Meister, vgl. mestru f.
magistrum; calcosteis f. calcostegis (App. Prob.). — d: prie f. pridie;
Vedius neben Veius; mo f. modo; crudelis z. cruel. — b: quis f.
quibus (I-Form? aber auch) noscum, voscum f. nobiscum, vobiscum
(cum m. Acc.? cf. Rönsch, S. 409). — l: so f. solo; fia f. filia.

II. Die Vokale i, e und u verdichten sich häufig vor
anderen Vokalen zu j und v.

i: zabulus, zaconus f. diabolus, diac.; navigis, Patrici f. navigiis,
Patricii; bennu f. biennium; histro f. histrio; facendo, pride, des,

quescit f. faciendo, dies etc.; Caecilus f. Caecilius; filos (cf. I), triclinu f. filios, triclinium; parentes a. parientes; paretem f. parietem. — deis neben dis; ahenam f. aëneam; alvaria; Napolitanus; dae; dorsum f. deorsum. — v: tus, sus, sa, sum l. tuus etc.; dos f. duos (vgl. zwo); hus u. huis f. huius; ebenso cuis f. cuius u. eis f. eius; tribuntur; febrarius; puer einsilb. (vgl. Marcipor f. Marcipuer sowie poella) u. s. w. (Christ, Metr. 74, S. 27. Schuchardt II, 448, 462, 464).

III. Ein Vokal, namentlich i, schwindet sehr häufig vor einem T-Laut (= vor und in der Endung).

i: felictas; grabtas; virgintate; auctortate; immenstate; Domtiae; tertorio; facultas a. facilitas; puertia; spiritus z. (ispiritus u.) ispirtus (Sch. III, 289); frieda; calda; soldam; valde a. valide; virdis, virdario; optimus a. opitumus; audaciter neben audacter; felicter; constanter a. constantiter; sollerter; frigduit; agtavimus; vocabtur; estis a. editis; cette f. cedite; comittur f. comititur; revertur, expetur (vgl. V); miseritus u. misertus; mertac, immertam, benemerti (churwälisch jetzt noch bein miert Sch. II, 426); postum; pro-, re-, depostus; impostor; fautum a. favitum; restutus f. restitutus (vgl. V.). Ferner in Endungen: donabt; feet; triumphavt; vixt; duxt; surrext; fert a. ferit; exsivt; expensavt; mist; fact; requiescet; vivt; (praesti f. praestiti vgl. V.). — ā: Demarthi; vocatus z. Vogt. ē: debtur f. debetur; moneta z. Münze.

IV. Binde-(und Endungs)vokale zeigen sich ferner schwach, sobald sie von einer Muta und einer Liquida, oder zwei Liquiden umschlossen sind:

a) zwischen muta + liquida: 1. c + l: (u) aedicla, saeclum, latereli, vernaclus, speclum, speclator, masclus, poclum, oraclum, curriclum, vinclum; articlus, baclus, iuvenclus; oricla (= au.), oclus, facla, aniela; Herclanio; nucleus, cubiclarius, periclis, piacla, iacla. 2. c + m: (i, u) decmus. 3. c + n: (i) Licnia; (o) diacnus. 4. c + r: (e) socro; facre, vincre; feeru, feerunt. 5. c + s: (e) merces f. merx. 6. g + l: (u) anglus, teglarius; (i) striglibus, viglias; perviglanda. 7. g + n: (i) silignarius; orignem; (e) gnitoris. 8. g + r: (e) lanigros. 9. g + s: (i) magister z. master. — 10. b + l: (u) tablam tablarius; stablum, stablaria, triblum, fibla; (i) mobilis z. meuble; (a) cymblis. 11. b + s: (e) trabes, plebes f. trabs; (i) mercis f. merx 12. p + l: (u) poplus, poblicus, poplares; commanuplari; caplatores; discipulina (Pl.) z. disciplina; extempulo (ib.) z. extemplo. 13. p + r: (e) impratori; aspra; (o) tempra; (i) spiritus z. esprit u. Sprit. 14. p + s: (e) stirpes f. stirps. 15. f + r: (e) offrit; infrius. Analog: adultavrit. — 16. t + l: (u) capitlares; listlatori, titlum; capiclum, veclum (e. st. t); (i) sestlia, sestlibus. 17. t + r: (e) aethra; vetranus; altro; Alixentr; dedro, dedrot; (i) martribus. 18. d + r: (e) cedre; vendrit; suspendre. 19. t + s: (i) cuias, nostras, Arpinas a. cuiatis; (e) locuples a. locupletis.

b) zwischen liquida + muta: 20. l + p: (i) filpus. § 4 A
21. l + b: (a) albastro. 22. l + c: (i) felx; felcis; felcissimi; (alquis)²⁹). 23. l + g: (i) relgiosa. 24. n + c: (i) tyrannei; cunculis, muncipio. 25. r + c: (e) vercundus. 26. r + p: (i) condirgere; purgare a. purigare; narrare a. (g)narigare. 27. r + b: (e) *Terpentin* a. terebintinae. 28. s + c: (e) seretum, perscutionem. 29. s + p: (e) spulerum. Analog: Sverus, und posuit a. posivit³⁰).

c) zwischen liquida + liquida: 30. l + l: (u) olla f. aulula; (e) vellem. 31. l + m: (e) elmoysinam. 32. l + n: (i) balneum a. balincum (cf. βαλνεῖον); (o) colonia z. *Köln*. 33. l + s: (i) simils. — 34. m + l: (u) tumlum. 35. m + n: (i) domnus [hieraus donnus], domna, domnula, domnicis; homni, homnes³¹); gemnos. 36. m + r: (e) numerus z. *nombre*. 37. m + s: (u) Maxims; — 38. n + l: (i) Manlius a. Manilius; (u) corollarium a coronularium; asellus a. asinulus. 39. n + m: (i, u) monmentum. 40. n + r: (o) Honri. 41. n + s: (e) fenestra neben festra; (i) sinsterior; minsterium (Plaut. Pseud. 772) minstreis u. mistreis vgl. *mister* u. *mistrels*. (u) termins, Herculans, Maximins, consobrins. — 42. r + l: (u) puella a. puerula; agellus a. agerulus; (o) Karolus neben Karlus. 43. r + m: (i) opermento. 44. r + n: (e) mernti; (i) carnis; (o) *Bern* aus *Verona* (= Ὀυήρωνα), woraus zunächst *Verna* (diese Form bei Diez I, 505.) 45. r + r: (e) ferrem a. fererem; gerre; comperrit. 46. s + m: (i) carismo, dulcismo, felicismo; vicesma; pientismae. 47. s + r: (a) Caesri; (o) mensri. 48. s + s: (i) evasti f. evasisti; daher auch alle Formen wie dixti, misti, dirēxti; ebenso dixe f. dixisse; amisse, promisset, immisse u. a. f. amisisse etc. (vgl. Corssen II, 553 ff.)

V. Weniger von Belang, weil zum Teil sicherlich bloss Schreibkürzungen, sind für unseren Zweck die Erscheinungen, dass, wenn zwei ähnlich lautende Silben (Redupplikation) aufeinanderfolgen, die erste den Vokal verliert, z. B. reccidi f. rececidi; reppuli a. repepuli; rettuli a. retetuli; aber auch reddisset f. redidisset; oder dass überhaupt eine der beiden Silben zum Schwund kommt: candam f. candidam; conventia f. convenentia; tentur mante f. tenentur manente; veretur f. vereretur; sori, sentia; defendum f. rodundus; vi(vi)pera, horr(or)ifer, ven(en)ificium, fas(ti)tidium, se(mi)mestris. Ähnlich ent-

---

²⁹) So ist zu lesen in den bekannten Versen auf Sarmentus. Daher schreibt sich vielleicht auch die Verwendung von quis f. aliquis unmittelbar nach si, nisi, ne ect. Hiatus wird vermieden, und für lquis erhalten wir eben quis.

³⁰) Entwickelung: posīvit, posĭvit, posvit. Eine Zwischenstufe ī : e (poseverunt) setzt voraus das unerklärte (Sch. II, 469) poserunt.

³¹) Entwickelung: homo, ōnis, ŏnis, ĭnis (homnis; vgl. caro, wo der Prozess ganz durchgedrungen ist).

§ 4 A standen virum barbarum liberum f. virorum etc., durch Analogie deum. Über constan(ti)ter, soller(ti)ter, rever(ti)tur, expe(ti)tur, vgl. oben III.

VI. Endlich ist zu beachten, dass am Ende der Wörter Vokale wie Konsonanten abfielen.

a) Vokale: ben sehr häufig f. bene, mal f. male; daher auch Benventod, benficio, benmernti; maldictus, malfica; calfacere u. calefacere; ain, viden, satin, vin, tanton f. aisne etc.; illuc, istuc a. illuce; dic, duc, fac, fer f. dice; Catull 27, 2 auch inger; reic f. reice; verecundus; auder, biber f. audere, bibere (cf. Sch. II, 390.) Auch nach Cic. (de div. II, 40) war auslautendes e fast unhörbar, da er in dem Worte Cauneas ein cave ne eas findet.

b) Dass die Konsonanten m und s am Schlusse unhörbar waren und darum oft nicht bezeichnet wurden, ist männiglich bekannt. Zu s vgl. den bekannten Vers: et laterali' dolor certissimu' nuntiu' mortis; laudare = laudaris; amabere = amaberis; mage, pote f. magis, potis; iu(s)dex; au(s)dio; zu m: passi, nunqua, pride, oli, ide f. passim etc.; laudatuiri; circuco; animadverto; aber auch r: aude, bibe f. audere, bibere (vgl. a); nt: dedro f. dederunt.

c) Ganze Silben: Aus den Inschriften des pisaurischen Haines (Ritschl, mon. tab. XLIII): Matre Matuta dono dedro matrona; Feronia Sta(tio) Tetio dede; von sonstigen Inschriften (CIL I) eidib(us), nondin(um), moer(um)); ib. III memori(am); non a. noenu(m); puer, vir u. viele andere (Corssen II, 592) a. puerus, virus; figel, mascel[32] f. figulus, masculus; suber[32] f. sobrius; barbar f. barbarus.

§ 4 B

B. Ungewöhnliche Accentuation im Vulgärlatein.
Vgl. CORSSEN II, 892 ff., SEELMANN, S. 31 ff.

Selbst beim oberflächlichsten Überfliegen vorstehender Proben muss es auffallen, dass manche Formen nach unserer Art zu accentuieren geradezu unmöglich sind. Wie konnte z. B. fecěrunt zu feeru, debětur z. debtur werden? Für die Betonung des Lateinischen gelten doch folgende Regeln:

1. mehrsilbige Wörter können den Accent nicht auf der Endung haben;

2. wo bei mehrsilbigen Wörtern der Accent zu stehen hat, entscheidet die Quantität der vorletzten Silbe des betr. Wortes:

a) ist die vorletzte Silbe lang, so erhält sie selbst den Hochton;

b) ist dieselbe kurz, so tritt der Accent auf die drittletzte Silbe;

3. über die drittletzte Silbe kann der Accent nicht zurücktreten.

---

32) Offenbar vom Grammatiker erst vokalisiert statt des wirklich gehörten mascl, figl, subr (vgl. S. 32, IX, 1).

In Wirklichkeit sind jedoch alle diese Regeln durchbrochen § 4 B
worden: So wird uns überliefert, man habe betont Maecenás, locuplés,
istúc (trotz 1); ássuero, locúpleto (trotz 2a); Valéri, Mercúri, Lucíli, Ver-
gíli (trotz 2b), und dass der Hochton auch auf die viertletzte Silbe zurücktreten konnte, zeigen die unten folgenden Proben. Im allgemeinen
finden wir, dass sowohl bei der Beugung von Haupt- und Zeitwörtern
wie bei Wortzusammensetzungen der Accent die Neigung hat,
auf der ursprünglich betonten Silbe (Gehaltsilbe) zu
bleiben, auch wenn infolge irgend welcher Verände-
rungen eine Verschiebung nach einer anderen Silbe zu
erwarten wäre*). An die Stelle des natürlichen Gehaltes kann der
logische treten, wie auch wir z. B. sagen, der Vorgesetzte.

Das entspricht ganz dem Wesen des lateinischen Accentes.
Da seine Aufgabe im wesentlichen darin bestand, die Gehalts-, beziehungsweise die Unterscheidungssilbe über ihre Umgebung heraus-
zuheben, so konnte er durch den Hinzutritt einer Endungssilbe nicht
von seinem Posten verdrängt werden, weil eben durch diesen Vorgang der Wortgehalt nicht verändert wurde. Dass bei solcher Sachlage die Tonsilben in ihrem Bestande besser geschützt waren, wie
andere Wortteile, bedarf keines besonderen Hinweises. Wenn also
bei einer ganzen Reihe von Wörtern gerade solche Silben zum
Schwund gekommen sind, bei denen nach den späteren Accentuationsgesetzen der Hochton zu erwarten stünde, so ergibt sich daraus unmittelbar als Schluss, dass an diesen Stellen der Accent ursprünglich
nicht gehaftet haben kann; und darauf wieder gründet sich die Vermutung, die konservative Sprache des niederen Volkes habe manches
anders betont, wie das wir gewohnt sind. Nehmen wir die Wortformen méreor, méritus, mérens; warum sollte der Mann aus dem
Volke, der sich um Quantität überhaupt nicht kümmerte, plötzlich
sprechen merénti? Die inschriftliche Form mernti beweist uns, dass
es für ihn auch eine Betonung mérenti gab.

Solchergestalt müssen unter den obigen Proßen entstanden sein:
a) Die Substantiva: puertia a. puérita³³); cunculis a. cúni-
culis; martribus a. mártiribus; balncum a. bálineum; sestlia und

---

*) Zu unterscheiden davon ist die vulgäre spätere Betonungs-
weise wie tenébrae (vgl. Seelmann).

³³) Es ist mir nicht unbekannt, dass manche dieses Wort, sowie
die Verbalformen dixti, vixet, immisse und ähnliche unter Hinweis
auf das Vorkommen von ste, sta, stud, sto, sti, = iste ff. entstanden
sein lassen aus puertia, dixti, vixet, immisse; ebenso käme dann
porcet nicht von pórcret, sondern von porcet, festra nicht von
fenestra, sondern von fenstra. Man wird das bezweifeln dürfen·
(Vgl. S. 33, 44.)

§ 4 B sestlibus a. séstilia, — ibus; striglibus a. strigilibus; viglias a. vígilias; mensri a. ménsŏri; sori a. sórŏri; [sentia a. séntentia]; *master* a. mágister; minstreis u. and. a. ministreis; offa neben ŏfella; mamma neben mámilla; festra neben fénestra; [*Köln* a. cólonia; *Vogt* a. vócatus (dagegen *Advokat*!); *I rediyt* a. praédic(a)tum]. Ferner Eigennamen: filpus a. Philippus; Domtiae a. Dómitiae; Manlius a. Mánilius; *Bern* aus Vérona (nachgewiesen S. 33, 44); *Ladik* a. Ládicia; Pácuvius neben Páquius; Licnia a. Lícinia; (*Old*) *Patrik* a. Pátriciŭs (so gemessen: D. M. '43 p. 147); Honri a. Hónŏri; Demarthi a. Demáräthi.

b) Adjektiva und Partizipien: iunior a. iúvenior (vgl. S. 31, 1); domnicis a. dóminicis; mallica a. málefica; *rondo* a. ródondo; felcis a. félicis (cf. felicíssimi); optimus a. ópitumus (?); re-, de-, propostus (*Propst*) a. própositus; mernti a. mérenti: mante a. mánente.

c) Verba: tentur a. ténéntur; condirgere a. condírigere; frigduit a. frígiduit (cf. frieda); debtur a. débetur. -- curarunt, curasse, curassem u. ähnl. Formen setzen voraus ein curáverunt (vgl. stetěrunt Verg.), curávisse, curávissem; feeru a. fécerunt; misti a. mísisti; direxti, dixti a. diréxisti, dixisti; scripstis a. scripsistis; vixet a. vixisset; immisse a. immísisse; dixe a. díxisse u. ähnl.

d) Pronomen: nemo a. né-hemo; noscum voscum a. nóbiscum (vgl. jedoch oben); neuter a. néuter (dagegen nullus a. neúllus); ipsius, illius, altérius.

e) Adverbien: infrius a. inferius (infra); quorsum a. quóversum.

Der Nachweis, dass im Volksmund manches anders betont wurde, wie dies unsere Accentuationsgesetze der lateinischen Sprache erwarten lassen, wird uns an manchen Stellen bewahren, sofort einen Taktwechsel anzunehmen.

§ 5. § 5. Die einzelnen saturnischen Inschriften.

Vgl. RITSCHL., priscae Latinitatis monumenta epigraphica; zugleich 2. Band vom Corpus inscriptionum latinarum.

I. Carmen fratrum arvalium (RITSCHL., tab. 36; CIL I, 28).

Enòs' Lâses' iuváte (*ter*)

Néve lúe'rue Mármar sins incùrr in pleóres (*ter*)

Sátur fúfe' *Memárti* mensali s taberber (*ter*)

Sémunìs altérnei àdvocápit cónctos (*ter*)

5 Enòs' Mârmor iuváto (*ter*)

triúmpe (*quinquies*).

Gefunden zu Rom 1777. Höchst nachlässig in den Stein gemeisselt 218 p. Chr., als die Verse völlig unverständlich geworden waren (schon Quintilian, instit. I, 40 sagt von ihnen: vix sacerdotibus satis intellecta); daher manche neuzeitliche Formen, sowie Verschiedenheit der Lesarten, trotzdem jeder Vers dreimal auf dem Stein steht.

v. 1: enos = nos, cf. ἐνώ u. ʷϊ; andere nehmen e(h) als die § 5.
Aufforderungspartikel, die wir noch haben in ecastor, ciuno, equirine,
ecce. **v. 2:** der Stein bietet 2 ⅴ lucrue, 1 ✕ luacrue; 2 ✕ sins, 1 ✕ sers;
3 ✕ incurrere. Qvintilian (inst. IX, 4, 39) überliefert von Cato (!) die
Schreibung dice hane f. diem h. Danach ist lucrue = lucrum und
dieses wieder ist = lucm, was gesichert erscheint durch die Accu-
sative naterum, suerum, lapiderum, Joverum (Schneider, lat. Gramm.
2, 171); sins = sinas; sers (= sirs) = siveris. Für das nicht altlateinische incurrere vermute ich als ursprüngliche Schreibung incurr
= incurre (vgl. S. 33, 45; 34, VI a); pleōres = flores; wer dasselbe
als plures fassen will, muss mit Jordan ändern in plocres, wie die alte
Form f. plures heisst (Cic. de leg. 3, 36). An mittelalt. pleura (πλειότα;
arva?) ist wohl nicht zu denken. **v. 3:** Den Stein liest man gewöhn-
lich satur fu fere (1 ✕ curere) Mars limen (1 ✕ _|i, 1 ✕ 丄 imen)
sali sta berber und übersetzt: „sei satt wilder Mars, Licht der Sonne,
halt' ein mit deiner Glut". Unser Vorschlag zu lesen: satur(am)
fu fe (= vove) Memarti (Marmarti) bietet 4 Vorteile: 1) es schwindet die unmögliche, weil späte Form Mars; 2) die Cäsur erscheint
an der normalen Stelle; 3) der Zeilenschluss wird nicht von einem
schweren Monosyllabum gebildet; 4) es wird der Widerspruch beseitigt, dass nach Z. 2 u. 5 Mars unter den helfenden Gottheiten an-
gerufen wird, während er hier als „grimmer" Gott die lues geschickt
hätte. Über Fruchtopfer vgl. Preller I, 129; die zweite Halbzeile
ist mir noch unklar. **v. 4:** Zeile mit fehlender 1. Thesis (§ 6: F 2);
Semunes od. semones (= se- hemones?) „altitalische Gottheit". Ich
halte es für dasselbe Wort wie daémones (djac. = zac.), das auch stets
so betont ist; alternei „in Wechselchören": die fr. arv. trugen ihr
Lied „descindentes" vor; advocapit = advocabitis (S. 34, VI e) = - ate.

II. Scipionenelogium A (Ritschl, tab. 37; CIL I, 30. VI, 1285).

Cornélius . Lucíus . Scipió . Barbátus.

Gnaívod . pátre .' * prognátus . fórtis . vír . sa-
  piénsque —

quoíus . fórma .' virtútei . pàr'isu'ma * fúit —

cónsol . cénsor .' aidílis . queì .' fúit .' apúd vos —

5 Taurásià . Cisaúna * | Sámnio . cépit —

súbigit . ómne '. Loucánam . ópsidèsque . abdoúcit.

Zeit: 2. pun. Krieg. Auf d. Stein 4 Zeilen von * bis *. Die
Striche an den Versenden (–) sind eingemeisselt. Mehr als eine Zeile
[Raum f. 67 Buchstab.] scheint vor den obigen Worten getilgt,
Havet vermutet V. 1 2 von Nr. III. Darüber in roter Farbe Cn.
F. Scipio. Bei Seelmann 373 eine phonetische Bezeichnung, wie nach
seiner Ansicht die alten Römer diese Zeilen gesprochen haben.
v. 1: Sta. Lucía singt und spricht der Italiener heute noch;
Luccelus CIL IV, 2159; Lucía (Mone, hymn. Nr. 627, 14]; Leucius
(Daniel, hymn. I, 186, 17]. Vgl. Arius (Mo. 285, 16; Da. 97]; sophia
(Mo. II, S. 324); Γενλϊϵ in einer griech. Inschrift (Hexam.) von Stock-
stadt (Hefner, röm. Bayern 1852 S. 298]; Golias. Vgl. Nr. III v. 3.
v. 2: sapjénsque. **v. 3:** pàrisúma? vgl. S. 36 b. **v. 4:** cos. 298, ces.
290 a. C. apúdvos gilt als ein Wort. Vgl. praeterea; apúd quos
(Ov. trist. II, 433]; intérse Wright, Walter Mapes p. 25 V. 130.
v. 5: Pentam. ϰ (vgl. § 6: F 2); Samnjo (Abl?) 298 a. C. **v. 6:** Auftakt

§ 5. mit TW (vgl. § 6 u. Ges. 14). subigt cf. § 4 A, III; Loucanam f. Lucaniam, wie das Land sonst stets heisst vgl. § 4 A, II; qu(e) abd.

III. Scipionenelogium B. (RITSCHL, tab. 38; CIL. 1, 32; VI, 1287).

Honc oíno . ploírumè . | coséntiont . R[ómai]
Duonóro . óptumò . | fuíse . víro
Lucíom . Scìpióne . filiòs . Barbáti
Cónsol . cénsor .' | aidílis .. hìc .' fúit .' a[póid ros]
5 Hec . cépit . Córsicà . Alèriáque . úrbe
Dédet . tèmpestátebus . aíde . méreto [róta].

Zeit: um 250 a. C. vgl. S. 29. Zeilen auf d. Stein in vorstehender Abteilung; durch Bruch desselben sind an der rechten Seite Versteile in ZZ 1, 4 u. 6 zu Verlust gegangen. Über der Inschrift in roten Buchstaben Corneliol F. Scipio. idilis. cosol. cesor. Gefunden 1614. Die beiden ersten Verse haben grosse Ähnlichkeit mit der Grabschrift des CALATINUS (Cic. Cato. m. 17, 61):

únum . hunc plúrimaè ' conséntjunt géntes
póppli primárìùm fuísse vírum (codd. uno cumpl; unicum pl.).

v. 1 f.: Pentam. 7 (vgl. § 6: F 8); coséntjont. Den Titel vir bonorum optimus erhielt Scípio Nasica 204 vom Senat (Liv. 29, 14) u. vielleicht schon vor ihm ein anderer Scipio (Havet 224). **v. 3**: Lucíum vgl. Nr. II, v. 1; filios volkstümlicher Appositionsgebrauch, daher nicht zu ändern. Vgl. unsere Büchertitel oder KELLER, deutscher Antibarbarus Stuttg. 1879, S. 101 ff., z. B.: „Schiller hatte Umgang mit K. Ph. Conz, nachmaliger Professor in Tübingen." **v. 4**: Nr. II, v. 4; cos. 259, ces. 258 a. C. **v. 5**: Cäsurverschiebung, siehe § 6, nB (F 5). Corsica 259 a. C. **v. 6**: Halbzeile mit fehlender 1. Thesis; tempestatbus, um den Vers rein ausklingen zu lassen (vgl. § 6: F 2); merto vgl. S. 32, III.

IV. Scipionenelogium C. (RITSCHL, tab. 39; CIL. I, 33; VI, 1288).

Quei . ápice .' insígne . Diál is fl áminìs . gesístei*
mórs . perfé[cit] . túa . ut . éssent . ómnia* brévia.
hónos . fáma .' virtúsque* glória . átque . in.gé-
nium.
quíbus . sei* in . lónga .' lic[n[í]set . tíbe útier . víta*
5 fácile . fáctei[s] .' superáses . glóriàm* maiór.um .
q[n]á . re . lúbens .' te . in grémiu* | Scipio . récip[í]'t .
térra . Públi .'* prognátum . Públiò . Cornéli .

Auf. d. Stein quei ausgerückt; erste Zeile in etwas kleineren Buchstaben; Zeilen * bis *. Gemeint ist vermutlich P. Sc. Afr. mai. fil. (204–164). Durch einen nach unten sich verjüngenden Sprung in der Mitte der Tafel haben alle Zeilen gelitten: Die beschädigten Buchstaben sind oben durch liegende Schrift gekennzeichnet, die ganz zu Verlust gegangenen ausserdem in Klammern gesetzt.

v. 1: qu(ei) apic(e); Djalis. **v. 2**: Beide Halbzeilen vertauscht, vgl. § 6: F 4); omnja brevja; **v. 3**: glorja atqu(e) ingenjum. **v. 4**: quibus = quis (vgl. S. 31, I oder analog nach huis ibid. II); s(ei).

utjer. v. 5: facle S. 32, 1; suprases ibid. 13; v. 6: Pentam. 2 (vgl. § 5.
§ 6: F 6; t(e); gremju; Scipjo; recipt vgl. S. 32, III. Das Wort als Pf.
zu fassen verbietet der Umstand, dass sich wohl häufig e f. i geschrieben findet, aber nie das Umgekehrte.

V. Scipionenelogium D. (Ritschl, tab. 41; CIL I, 34; VI, 1289).

Mágna . sàpiéntia* múltasquè . virtútes.
àetâte.' quom . párva* póssidèt . hoc . sáxsum.
quoíci . víta.' defécit . nòn'*hônos.' honóre.
ís . hic . sítus.' quei . núnquam* víctus .ést . virtútci.
5 ánnos . gnátus.' vigínti . ìs*'[lôç]eis.' m[an]dátus.
né . queir .átis .' honóre* quei . mínus . sít . man-
d'útus]

Zeit: ca. 150 a. C. Den Versen gehen voraus die Worte: Cornelius Cn. F. Cn. N. Scipio, also wohl des Hispallus (cos. 176) Sohn. Zeilen von * bis *. Stein lädiert (cf. IV).
v. 1: Zeile mit fehlender 1. Thesis (vgl. § 6: F 2); sapientja; múltasquè nicht zu beanstanden, vgl. VI, 1; v 2: Zeile mit fehlender 1. Thesis, oder es ist zu lesen: á petáte', da die Form entstanden ist aus aevitate (cf. aeviterni b. Bücheler, anthol. epigraph. I, 30; daher aeternus b. Huemer, lat.-christl. Rhythm. p. 28). v. 5: Der Stein „XX". v. 6: 2. Hälfte mit Auftakt wie Nr. IV, v, 2 (vgl. § 6: F 3). Die Wiederholung gleicher Wörter am Zeilenende (hier mandatus) ist ganz gebräuchlich.

VI. Titulus Mummianus (Ritschl, tab. 51; CIL I, 541; VI, 331).

Dúct[u]* auspício '. império que* eíus . Achaía .
cápt.[a]
Corínto*déleto . Rómam . rédicìt* triúmphans .
Ob . hásce*rés . benç . géstas . quód*in . béllo .
vóverat*
hanc . aédem . ct . sígnu*Hércy̧lis . Víctorìs* im-
perátor . || dedicat.

Voraus geht: L. Mummi L. F. Cos. Zeilen von * bis *. Der sprachliche Ausdruck entspricht mehr der Zeit des Augustus; möglich, dass wir nur eine „verbesserte" Kopie des Originals vor uns haben, da das Kapitol a" 83 abbrannte.
v. 1: duct u. capt der Stein ohne Lücke; auspicjo ; imperjo que (= imperjoe) vgl. Ovid, Metam. III, 109; keinesfalls Wortzerreissung (vgl. Abaelard: dum Christus finis utrius que complet sacramenta), da que als selbständiges Wort behandelt ist; daher Betonungen wie múltasquè und die Stellung intusque exterius (Carm. Bur. 49, 6); das Ganze formelhaft: auspicio imperio felicitate ductuque cius, sowie iterum triumphans Romam rediit heisst es auch auf der tab. Regilli (Liv. 40, 54) und der tab. Gracchi (Liv. 41, 28); cius = S. 32, II. v. 2: Corintum wie Tarentum, Saguntum; déleto vgl. S. 31 debtur u. a. oder v IV.' v I v . I v (?) v. 3: ben vgl. S. 34, VI, a; vorat S. 31, l;

§ 5. v. 4: Herclis vgl. S. 32,1 u. hercle, mehercle; Ferelis (CIL I, 1500), Schuchardt III, 287; victoris, S. 35 f.; imprator S. 32, 13.

VII. Monumentum Caicilii [34]). (Ritschl, tab. 69; CIL I, 1006).
Hóc . est . fác. tum .' monuméntum * | Maárco .' Caicílio *
Hóspes . grátum . est .' quom . apúd * meas . rèstitístei . scédes *
b. énç . rem . géras .' | et . váleas * dórmias . sine . qúra .
Man setzt die Inschrift um das Jahr 100 v. Chr., wahrscheinlich wegen der Schreibung aa und ee f. ā und ē (Attius).
v. 1: Pentam. (, § 6); monumentum S. 33, 39; v. 2: gratumst' qu'apúd meas (?) S. 31, II oder: qu'ápud meas (cf. IV, 2) (?) v. 3: ben vgl. Nr. VI v. 3; rem in der Thesis (?); valeas, dormjas S. 31, II.

VIII. Dedicatio Sorana. (Ritschl, tab. 52; CIL I, 1175).
Quód . re . súa .' d[if]eídens . ásper[è] * afleicta.
párens . timens ' * heic . vóvit . vóto . hóc * solút[o].
[dé]cuma . fácta . * poloúcta . /eibereis . lubé|n|tes
dónu . dánunt . * Hércolei . | máxsu'me * mércto
5 sémol . te . * órant .' se . róti . | crébro ' * condémnes.
Zeit: nicht viel nach Ennius' Tod (L. M 107). Den Versen geht voraus: M. P. Vertuleieis C. F.; Zeilen von * bis *; Stein beschädigt (vgl. IV).
v. 1: asper der Stein ohne Lücke; v. 3: decima S. 32, 2; v. 4: Zeile mit fehlender erster Thesis, zugleich Pentam. ; (vgl. § 6:

34) Man kann zur Not diese Inschrift, wie oben gezeigt, rhythmisch lesen; ich glaube aber doch, dass wir es hier mit einer von einem Kunstdichter herrührenden metrischen Nachahmung des sat. Schemas zu thun haben. Sonst müsste man z. B. annehmen, die Schreibart aa f. ā u. ee f. ē sei damals so allgemein verbreitet gewesen, dass sie auch in die rhythmische Poesie eingedrungen sei trotz deren Gleichgültigkeit gegen Längebezeichnungen, was mir nicht wahrscheinlich vorkommt. Die Verse mit fallendem Rhythmus zu lesen:

hóc est fáctum mònuméntum ' Máareò Caicílió
hóspes grátumst qu' ápud méas rèstitístei sécdès
würde uns weniger die Aussprache Máareò u. sécdès abhalten als die 3. Zeile, welche sicherlich saturnisch ist. Für eine Vermischung zweier Versarten könnte man allenfalls ins Feld führen Nr. III, v. 1 u. 2, sowie die auffallende Erscheinung, dass uns die Grammatiker unter den Saturniern auch unzweifelhafte Hexameter citieren, nämlich:
inferus an superus tibi fert deus funera Ulixes (Prisc. 606)
cum socios nostros mandisset impius Cyclops (id. 817)
at celer hasta perrumpit pectora ferro (id. 760) und
convenit regnum simulatque locos ut haberent (Non. 211, 3).
Wie aber, wenn diese Verse nicht den Originalgedichten, sondern einer späteren daktylisch - metrischen Überarbeitung entnommen wären? Vgl. übrigens Usener, altgr. Versbau, S. 32 f.

F 7); Herclei = Nr. VI, v. 4; merto = Nr. III, v. 6; **v. 5**: Pentam. § § 5.
(§ 6: F 7). Übrigens auch möglich: sémol te órant sé vóti crébro'
condémnes, wie III, 5 (vgl. § 6: F 5).

IX. Monumentum Eurysacis eiusque uxoris. (RITSCHL, tab.
88; CIL I, 1013'16).

est . hoc . monumentum . Marcei . Vergilei . Eurysacis * Pistoris .
redemptoris . apparet . **Ferner:** fuit . Atistia . uxor . mihei * femina .
opituma . veixsit * quoius . corporis . reliquiae * quod . superant .
sunt . in * hoc . panario . —

Noch von niemand gebilligt. Vielleicht lauteten die Verse, ehe
sie von ungeschickter Hand abgeändert wurden:

Atístja úxor míhei fémjna óp(i)tuᵐna veixsit

quoius córporis relíqujae súnt in hóc panárjo.

X. Inscr. regni Neapolit. 3829.

rógo té, mi' viátor nóli mi tacére (his).

XI. LINDSAY gibt noch ein paar Verse; doch erscheint
deren Fassung als Saturnier zu wenig gesichert.

Hingegen dürfen wir vielleicht beiziehen

XII. die Musterverse der Grammatiker und einige
"Geflügelte Worte", sofern übereinstimmende Lesarten
eine zuverlässige Tradition gewährleisten:

málum dábunt' Metélli Naévió poëtae

férunt púlcras' cretérras áureàs lepístas

nóvem Jóvis' concórdes filiaè soróres

duéllo mágno' dirjméndo régjbus sùbigéndis (?)

5   fúndit fúgat' prostérnit máximàs legiónes

súmmas ópes' qui régum régiàs refrégit

mágnum númęrum trjúmphat hóstibùs devictis

vírum mihi' Caména ínsecè versútum

sáncta púer Satúrni filià regína

v 1: Cäs. Bass. 2680 f; Ter. Maur. 2439 (dab. mal.); Mar. Vict.
2587; Mar. Plot. 2651; Atil. Fort. 2698; Pseudasc. in Verr. I, 10, 29.
v 2: Cäs. Bass. 2680; Mar. Vict. 2587; M. Plot. 2650 (crateras);
v. 3: Cäs. Bass. 2679; Mar. Victorin. 2586; v. 4: Cäs. Bass. „ex
tabula Regilli" (a" 179); dirmendo S. 33, 43; regbus vgl. Nr. IV, v. 4;
v. 5: Cäs. Bass. „ex tab. Acil. Glabr." (a ᵈ 191); v. 6: Diomed. I, 512;
Atil. Fortun. VI, 293 (von einer Triumphaltafel); v. 7: Pseudocens.
2727: Zeile mit fehlender 1. Thesis (§ 6: F 2); numrum S. 33, 36;
trjumph. cf. Triumpf. v. 8: Gellius 18, 9 (Anfangsvers d. Livianischen
Odyssee); v. 9: Priscian 697 aus der Livianischen Kantate; Zeile mit
fehlender 1. Thesis (§ 6: F 2); púer.

§ 6.

§ 6. Ergebnisse.

Der saturnische Vers ist eine rhythmische Langzeile von ansteigender Bewegung. Er setzt sich zusammen aus zwei annähernd gleich langen Halbzeilen, deren jede mit einer unbetonten Silbe schliesst. Da zugleich jede Halbzeile drei Arsen zählt, so erscheint die ganze Reihe als altnationaler römischer **Sechstakt**, an dessen Stelle seit dem Ende des 3. Jhrhdt. v. Chr. der griechische Hexameter trat.

Grundform = v ı v ı v ı v ı v ı v ı,

n Λ und zwar gewöhnlich als **normale Form A**:

v ı v ı v ı v ı v ı v ı v = 7 $+$ 6 Silben. F 1

n Λ¹ 1. **Hälfte**: ohne TW: 2, 1; 3, 3; 6, 2. 3. 4.
gewöhnl. TW: ı . v . ı v ´. v . ı v = 5, 4;
     ı . v . ı v ´. v ı v = 4, 4; 8, 1 [cf. Anh. v. 25]
     ı . v ı v ´. v ı v = 5, 6; 6, 1 [cf. Anh. v. 27. 32]
     ı v . ı . v ´. v ı v = 10;
     ı v . ı v ´. v . ı v = 8, 2; 12, 6 [cf. Anh. v. 28. 33−36]
     ı v . ı v ´. v ı v = 2, 2−4. 6; 3, 4; 4, 3. 5. 7; 5, 3. 5; 8,
                 3; 12, 1−5. 8. [cf. Anh. v. 24. 29−31]
     ı v . ´ v ı v . ı v = 4, 1 [cf. Anh. v. 37]
Zeilen mit fehlender 1. Thesis (= umgekehrte Bewegung, vgl. Ges. 13. 14):
     ı . v ı v . ı v = 4, 2 [mit unbed. Änd. cf. Anh. v. 4. 5. 7]
     ı v . ı v . ı v = 12, 7 [cf. Anh. v. 1−3]
     ı v . ı . v ı v = 12, 9
     ı ´ ı v ´. v . ı v = 5, 2 [cf. l, 4. Anh. v. 8. 9]
Desgl. mit Ersatz am Schluss [Ges. 14]:
     ı v . ı v . ı v ⁽ᵛ⁾= 3, 6; 5, 1; 8, 4 [cf. Anh. v. 6. 10−14]
Dagegen haben eine unbetonte Silbe vor der 1. Thesis [Auftakt, Ges. 14]: 2, 6; 4, 4 f; (6, 2 TW?); 8, 3; (7, 3; 9, 2) [cf. Anh. v. 15−21]

n Λ² 2. **Hälfte**: ohne TW: 2, 1. 2. 6; 3, 3. 6; 4, 1−5. 7; 5, 1. 2. 4; 6,
                     1−4; 8, 1−3; 10; 12, 1−9.
gewöhnl. TW: ı ´. ı v ´. v ı v = 2, 4; 3, 4; 5, 3. 5 [cf. Anh. v. 10. 20.]
     ı ´ ı v ´. v . ı v = 2, 3
mit Auftakt [Ges. 14]: 4, 2; 5, 6 [cf. Anh. v. 7−9; 14 f; 22 25]
Durch Wegfall, beziehungsweise Zutritt einer Thesis zu Anfang der beiden Halbzeilen (vgl. Ges. 13. 14) entstehen also die Formen:
  ı v ı v ı v⁽ᵛ⁾ $+$ ı v ı v ı v = 6 $+$ 6 Silb: 1, 4; 3, 6; 5, 1 f; 12, 7. 9 F 2
  v ı v ı v ı v $+$ v ı v ı v ı v = 7 $+$ 7 Silb: 5, 6 F 3
  ı v ı v ı v $+$ v ı v ı v ı v = 6 $+$ 7 Silb: 4, 2. [**Vgl. Anhang.**] F 4

Selten ist die Cäsur um eine Silbe gegen den An- § 6.
fang gerückt [Ges. 15]:

F 5 **normale Form B**: v i v i v i v i v i v i v = 6 + 7 Silben: n B
3, 5; (8, 5 Anm.) [cf. Anh. v. 26]
Ausserdem findet sich unter den Versen noch eine
Art **Pentameter** d. h. Reihen, welche nur 5 Hebungen auf- P
zuweisen haben[35]. Ob sie wirklich die „versus breviores"
des Cäsius vorstellen, möchte ich lieber verneinen, als
bejahen. Ein derartiger Mangel an Versmaterial schafft
doch eine ganz neue Zeile.

Auch hier lassen sich mehrere Formen unterscheiden,
je nach dem Bau der zweiten Halbzeile:

F 6   n A¹ + i v i v = 7 + 4 Silben   P a
und zwar: i v . i v '. v . i v + i v . i v = 4, 6 [cf. Anh. v. 27—30]
           v i v i . v i v + i v . i v = 2, 5;
F 7   n A¹ + v i v i v = 7 + 5 Silben   P β
und zwar: i v . i v '. v . i v + i v '. v i v = 8, 5 [cf. Anh. v. 32—35;
                                    etwas veränd. 19. 31]
           i v . i v . i v⁽ᵛ⁾+ i v ' v . i v = 8, 4 [cf. Anh. v. 6. 12. 17. 36 f]
F 8   n B¹ + v i v . i v = 6 + 5 Silben: 3, 1. 2.   P γ

Da wir bei dieser Aufstellung im ganzen 88 Kurzzeilen berücksichtigt haben[36], so ergeben sich
gewöhnl. TW: 1. Hälfte 29, 2. Hälfte 8, Sa 37⎫
veränd. Zeilen: „   „ 7, „ „ 2, „ 9⎭ = 52⁰‚0
kein TW: „   „ 8, „ „ 34, „ 42 = 48⁰‚0
Das sind aber nicht mehr und, wie schon die oben
(S. 8) angeführten Beispiele ergeben, keine anderen
Formen von Taktwechsel, als sie in der christlichen Hymnologie vorkommen.

Als Zeilenende finden wir ein Wort von
zwei Silben 12, drei Silben 29, vier Silben 3mal (1. Hälfte),
   „   „ 12, „   „ 31, „   „ 1 „ (2. Hälfte).

---

[35] Erklären kann ich diese auffallende Erscheinung so wenig,
wie irgend jemand. Warum ich dann die Möglichkeit des
Thesenausfalles nicht zugebe, also nicht lese z. B. füise viro,
crébro còndémnes? — Weil zwischen der altdeutschen Langzeile und
dem Saturnier durchaus keine Verbindung besteht und weil die
ganze mittellateinische Poesie nicht ein derartiges Beispiel liefert.

[36] Nr. I u. IX konnten nicht beigezogen werden wegen der Un-
sicherheit des Textes; Nr. VII aus den S. 40 angeführten Gründen.

§ 6. Hiatus nahmen wir an: 3, 2a. 5b; 4, 2a. 3b. 4b;
6, 1a. 4a; 8, 1b. 2b —

Elision: 2,6b; 4,1a.3b.4a.6a; 6,1a.1b.4a; 8,5a;
von beiden also je 9 Fälle, worunter dreimal Hiatus und
Elision in einer Halbzeile (vgl. S. 25).

Im übrigen gilt vom Saturnier alles, was
oben von der rhythmischen Poesie im allgemeinen gesagt wurde:

der Taktwechsel ergreift nur den Anfang der Zeilen
[Ges. 10];

der Versschluss ist stets sorgfältig gewahrt [Ges. 16. 17];
nie steht ein schwerbetontes einsilbiges Wort in der
Thesis, nie ein solches am Versschluss [Ges. 4. 18];

die Pause ist stets eingehalten und Wortzerreissung
vermieden [Ges. 15];

es sind keine Thesen ausgefallen, und nur im TW
treten zwei betonte Silben neben einander Ges. 8. 9];

die erste Hälfte der Langzeile weist zahlreicheren
TW auf wie die zweite [Ges. 11. 12];

die Zahl der Silben ist meist gewahrt, beziehungsweise
konnte sie unter Hinweis auf das Vorkommen
dieser Formen im Vulgärlatein hergestellt werden
[Ges. 6. 7] u. a.

Damit aber ist auch der letzte und wich-
tigste Teil meiner Aufgabe, nachzuweisen,
dass der Saturnier den Gesetzen der rhythmischen Dichtkunst sich füge, vollständig
gelöst.

Dass nicht eine einzige Textesänderung
unserer Theorie zuliebe nötig wurde[37], erscheint uns
als kein schlechter Beweis für die Richtigkeit derselben,
wird aber vielleicht manchen Gegner, dem seine Ansicht
lieb geworden ist, zu der Behauptung verlocken, mit Hilfe
des Taktwechsels und des Vokalschwundes könne man

---

[37] Bei den literarischen Saturniern kommen wir ohne solche
nicht durch; gleichwohl machen sich Änderungen auch bei ihnen un-
gleich seltener nötig wie bei metrischer Auffassung.

eben alles Mögliche rhythmisch lesen, metrische Verse § 6.
sogutwie prosaische Abhandlungen. Wer solches wirklich vermeint, thut am besten, selbst einen Versuch zu
machen; auf mich wirkte die oben (S. 23) erwähnte Probe
mit Phädrus geradezu verblüffend[38]).

. Gegen den Taktwechsel lässt sich nicht das mindeste
einwenden. Er hat, das ist über jeden Zweifel erhaben[39]),
in der lateinischen Poesie des Mittelalters wirklich die
Rolle gespielt, die wir oben ihm zugewiesen haben; damit
kann aber auch gegen die Annahme seines Vorhanden-
seins für eine frühere Stufe der rhythmischen Dichtkunst
begründeterweise kein Einspruch erhoben werden.

Irrationale Silben beanspruchten wir an 18
Stellen (davon 3 im Auftakt, 7 am Versschluss, einschl.

---

[38]) Man kann diesen Versuch auch an den ältesten Kirchen-
hymnen vornehmen und wird dann, was HÜEMER und andere schon
längt behaupteten, sehr wahrscheinlich finden, dass nämlich deren
Verfasser metrisch zu dichten beabsichtigten.

[39]) Gestatten wir uns, aufgrund der Bem. 13, S. 15 auch er-
weiterte Beispiele zu bringen, was ja die Erscheinungen des TW
selbst nicht berührt (etwa statt ı.v. ı v ́. v . ı v auch ı.v. i v ́.v.ıvı),
so ergibt sich folgende Zusammenstellung sämtlicher Formen und
Beispiele einfachen Taktwechsels für den Saturnier:

Form d. TW	a	b	c	d	Form d. TW	a	b	c	d
ı.v.ıv ́.v.ıv	1	—	—	35	ıv ́v.ıv.ıv	…	ı	—	58
ı.v.ıv ́.vıv	2	5	2	98	ıvıv ́.v.ıv	—	ı	—	34
ı.vıv ́.vıv	2	2	—	68	ıvıv ́.vıv	—	3	—	84
ıv ́.v.ı.vıv	ı	—	—	32	**2. Hälfte:**				
ıv.ıv ́.v.ıv	3	6+3	ı	268	ı ́.ıv ́.vıv	4	8+1	18	165
ıv.ıv ́.vıv	15	38+1	5	578	ı ́ıv ́.v.ıv	ı	2	5	42
ıv ́.vıv.ıv	ı	6+3	5	1137	ı ́ıv ́.vıv	—	3	25	151
ıv.ıv ́v.ıv	—	ı	ı	40	ı ́ıv ́v.ıv	ı	2	10	10

Dabei ist **a** = inschriftl. Sat., **b** = literar. Sat., und zwar ge-
schieden in Liv.-Näv. + übrige Verse; **c** = Hymnen im sat. Versm.
und sapph. Zeile (vgl. Bem. 13, S. 15); **d** = die sonstige Hymnenpoesie bis z. 13. Jahrh. (excl.)

§ 6. 3 Pent.). Das ist mehr als wir in der Hymnenpoesie finden, entspricht aber merkwürdig gut den ausdrücklich als volkstümlich bezeichneten Gedichten [40].

Bedenken wir dazu, dass die kirchliche Hymnenpoesie schon des Gesanges wegen auf gleiche Silbenzahl strenger achten musste, so werden wir zur Erkenntnis kommen, dass auch aus einer Jahrhunderte später bemerkbaren Verbesserung der rhythmischen Dichtungsweise sich keine Waffe gegen die ersten Anfänge derselben schmieden lasse.

(Anh.)

Anhang.

Eigentümlichkeiten des saturnischen Versbaues aus den literarischen Überresten.

(Gewöhnlicher TW unberücksichtigt, vgl. S. 45, Bem. 39,b.).

n A[1]: Es fehlt die erste Thesis, und zwar teils ohne Ersatz (oben I, 4; IV, 2; XII, 7, 9; V, 2), teils mit solchem (oben III, 6; V, 1; VIII, 4). Hiedurch ist bisweilen

die erste Halbzeile ⁚= normale zweite Hälfte:

a) túmque rémos iússit rèligáre strúppis (Liv. = Hom. β 422).
    námque núllum peíus   máceràt homónem,
    quámde máre saévum.   Víres cûi sunt mágnae (Liv. = θ 138)
    id quóque paciscunt   moénja sint Lutáti (Naev.)
5   né quid fraúdis stúpri qué feróeja párjat (App.)
    séptimum décimum ánnum | ilico sédent (Naev.)

[40] Den 18 irrationalen Silben und 16 Synizesen unter 44 Saturniern entsprechen z. B. in dem Hymnus auf den hl. Gallus (GRIMM und SCHMELLER, lat. Ged. d. 10.– 11. Jahrh.) etwa 36 Irr. und 38 Syn. bei 85 Zeilen. Erwähnt sei noch der Versuch SCHUCHARDT (I, 32), solche Verse des 7. Jhrh. also zu lesen: raptór est màniféstus * innúm(e)ros féc(i)t excéssus * erránd(o) vad(i)t quási coécus * fuscár(e) tentát meûm décus seqq. Das erinnert fast an den Cisio-Janus und die Memorialverse der Dialektiker. Wahrscheinlich haben wir daktylischen Rhythmus: v ˙ ı v͡v ı v͡v ı v .

cúm tu àrquiténens   sagíttis póllens déa (Naev.)   (Anh.)
òbliti sunt Rómae   lóqujer língua latína (Naev.)
àmícum cum vídes   oblivíscerè misérjas (App.)

b) 10 in Pýlum advénjens ˙ aùt ibi omméntans (Liv. = ℈ 317)
        Trójam úrbem líquerit . . . . (Naev.)
        immolábat aúréam | víctimam púlchram (Naev.)
        mágnum stúprum pópulo   fíeri per géntis (Naev.)
        átque príus párjet ˙ locústa lúcam bóvem (Naev.)

Dagegen findet sich zu Anfang der Zeile eine überzählige, unbetonte Silbe (Auftakt; oben II, 6; IV, 4 f; VI, 2 (?); VIII, 3; 7, 3; 9, 2):

    15 igitur démum Ulíxi corfríxit praé pavóre (Liv. = ᶳ297)
        simulac dácrumas de óre noégeò detérsit (Liv ϑ 88)
        eórum séctam sequúntur | múlti mortáles (Naev.)
        inerant signa expréssa quómodò Titáni (Naev.)
        honéráriaè honústae | stábant in flústris (Naev.)
    20 véteres Casménas cáscas rès vólo profári (Carm. Priam.)
        inimícis síes comméntus | nec líbens aéque (App.)

n A²: Die Halbzeile beginnt mit einer überzähligen, unbetonten
Silbe, wie oben IV, 2; V, 6. Infolge dessen wird bisweilen

    zweite Hälfte = normale erste Halbzeile:
        mult(a) álja ín eísdem   tópper insèrinúntur (Liv. = ꞗ 18)
        nexébant múlt(a) intérse ˙ néxu nodórum dúbjo (Liv. = ϑ 378)
        nóctu Trojad(e) exíbant   capítibùs opértis (Naev.)
    25 quí dum máre sudántes   éunt átque sedéntes * ratis (Naev.)
Hierher gehören durch ihre 2. Halbverse von oben VV. 7—9, 14 f.

n B: wie oben III, 5; VIII, 5:
        cárnis vinúmque quód   libábant ànclabátur (Liv. = ω 364)

P ϰ wie oben II, 5; IV, 6:
        nám divína Monétas | fíljam dócuit (Liv. = ꞗ 480)
        múlti álji e Tróia | strénui víri (Naev.)
        Rúncus átque Porpóreus | fílji térras (Naev.)
    30 cénsent éo ventúrum | óbvjam Poénum (Naev.)

P ϟ wie oben (III, 1, 2;) VIII, 4, 5:
        símul duóna eórum | pórtant ad návis (Liv. = ꞗ 18)
        mé carpénto vehéntem | dómum venísse (Liv. = ᶳ 295)
        úbi fóras cum aúro | íllic exíbant (Naev.)
        djébus quínque te cálo | Júno Covélla
    35 séptem djébus te cálo | Júno Covélla
        tópper citi ad aédes | vénimus Circae (Liv. = ᴢ 308)
        fáto Metélli Rómae | cónsules fíunt.
Hiezu wegen ihrer zweiten Halbzeilen VV. 6. 12. 17. 19. 21.

(Anh.) Daraus ergibt sich, dass

1) eine Anzahl von diesen Versen aus zwei vollkommen gleichen Halbzeilen sich zusammensetzte und zwar die Verse 1–5. 10. 13 aus ꟷ v ꟷ v ꟷ v + ꟷ v ꟷ v ꟷ v [cf. I, 4; III,6; V, 1. 2. XII, 7. 9] und die Verse 22–25 aus v ꟷ v ꟷ v ꟷ v + v ꟷ v ꟷ v ꟷ v [cf. oben V, 6);

2) dass sogar die ursprünglichen Hälften bisweilen unter sich vertauscht wurden, so in den Versen 7. 8. 9. 14 [vgl. oben IV, 2].

Inhalt.